꽃의 또 다른 출구

리토피아포에지 · 36
꽃의 또 다른 출구

인쇄 2015. 9. 7 발행 2015. 9. 11
지은이 권섬 펴낸이 정기옥
펴낸곳 리토피아
출판등록 2006. 6. 15. 제2006-12호
주소 402-814 인천 남구 경인로 77(숭의3동 120-1)
전화 032-883-5356 전송032-891-5356
홈페이지 www.litopia21.com 전자우편 litopia@hanmail.net

ISBN-978-89-6412-054-5 03810

값 9,000원

이 도서의 국립중앙도서관 출판예정도서목록(CIP)은 서지정보유통지원시스템 홈페이지(http://seoji.nl.go.kr)와 국가자료공동목록시스템(http://www.nl.go.kr/kolisnet)에서 이용하실 수 있습니다.(CIP제어번호:CIP2015023478)

권섭 시집

꽃의 또 다른 출구

LITERATURE & UTOPIA

시인의 말

조금 더 폭신하고 말랑말랑하기.

여행 중이다.
종착역까지는 아직 멀다.
긴 여정 동안,
새를 만나고, 나무를 만나고, 꽃을 만나고,
여러 표정의 그들과,
여러 모양의 나를 만나고,
아침해를 만나고, 저녁놀을 만나고,
봄을 만나고, 겨울을 만난다.

감사하고 황송하다.
동글동글하게, 말랑말랑하게,
이 여정이 계속되기를 소망한다.

2015년 가을
권섬

차례

제1부 말의 잔치

제2부 묵언수행

제3부 섬강

제4부 고향 아리랑

| 제1부 |

말의 잔치

꽃의 또 다른 출구

지금 꽃을 보고 있어. 그 꽃 역시 날 보고 있어. 바람이 어깨에서 그네를 내리면 꽃은 팔랑팔랑 그네를 타고 언덕에 올라. 언덕에서 굴렁쇠를 타고 놀다가 달을 따러 가기도 해. 아이들이 남겨놓은 웃음소리로 허기를 채우고는 그네에 올라 앉아 낮잠을 자. 잠에서 깨어나면 빨간 태양이 입혀준 원피스를 입고 달팽이관 피리를 불어. 그 피리소리에 애벌레의 등에선 달콤한 깃털이 자라나곤 해. 지금도 그 꽃을 보고 있어. 길고 부드러운 부리를 가진 새들은 그 꽃물을 길어와 투명한 둥지를 그리고 있어. 뚝뚝 꽃의 진통이 지는 어슴푸레한 저녁, 둥지 안에서 초롱초롱한 달이 깨어났어. 그 달은 그 꽃이 왔다가 간 흔적을 좇아 구름사다리를 하늘의 뜰에 비스듬히 세워 놓았어. 다음날 그 다음날에도 그 꽃을 들여다보고 있어. 그 꽃은, 먼 하늘 그 너머에서 꽃잎 출렁이는 바다를 상상하며 다시 꿈을 꾸고 있어.

앞으로도 죽, 내게 거짓말을 해 줘*

조심해, 긴장 풀고, 저길 봐. 수면 위로 거꾸로 서서 자라는 모텔촌은 언제 봐도 매혹적이야. 신기하지. 붉고 푸른 꽃이 사시사철 피어나니, 꽃에게 색이란 무슨 의미겠어. 꽃이면 그만이지.

머리가 뜨거워진 오리들이 떼를 지어 밤마실을 나선다. 남한강 위에 느슨하게 출렁이는 꽃의 수문 속으로 오리 떼가 꼬리를 흔들며 사라진다.

어질한 창은 점점 휘어지고 꽃에서 꽃, 꽃 속의 꽃, 꽃의 출구에 달이 떠오른다. 물비늘로 피는 꽃의 몸 밑바닥에 달콤한 날개를 새겨 넣는다. 믿어 봐. 축축하게 젖은 바람이 어둠을 툴툴 털고는 속삭인다. 믿어 보라니까. 깊은 여울 속으로 야들야들한 꽃의 날개가 까무룩 떨어진다.

출구 없는 모텔촌은 밤새 어질어질 피어나고 온통 물비린내를 뒤집어 쓴 물오리는 꼬물꼬물 꽃그림자를 쪼아댄다. 북적북적 오리집엔 젖은 모텔촌이 통째로 구워지고, 식탁 위엔 조각조각 썰려 나온 남한강의 아랫도리. 한 철 허기를 너끈히 채워줄 상냥한 여름밤의 만찬이다.

*「앞으로도 내게 거짓말을 해 줘」, 노석미의 화제를 따옴.

차용된 존재의 혼돈 · 1

—괜찮아

홑겹 수은등이 뿌옇게 밤을 핥는다. 버터를 깎아 만든 등이 깜박이자 전자벽화 속에서 오색 언어들이 까만 천공 위로 깔깔깔 날아오른다.

새벽, 새벽 같은, 새벽, 새벽 같은, 수탉은 밤새 천공 위로 언어를 토해낸다. 새벽의 경계가 삭제된 양계장에선 어질어질 무정란이 복제 중이다. 계란 반숙이 아침상에 올려지고 반쯤 죽은 언어들이 돌돌 말려 매끄럽게 목구멍으로 빨려들다가 쿡쿡 웃는다.

괜찮아, 괜찮을 거야. 수은등은 혓바닥으로 축축한 언어들을 유리곽 속에 집어넣는다.

차용된 존재의 혼돈 · 2
—시이소를 타는 벌을 본 적 있니

빙그르르 물방울이 돌다 꽃을 낳는다. 꽃에 날아든 벌은 씨방에서 잉잉 시이소를 탄다. 지나가던 바람은 공연한 심술을 부린다. 꽃이 진다. 바람은 허공에 지나온 꽃의 흔적을 저장한다.

끊임없이 꽃은 새로운 매뉴얼로 출시되고, 새로운 매뉴얼에 따라 꽃은 진화를 거듭한다. 더 이상 벌은 날아들지 않는다. 물방울도 필요 없다. 여전히 꽃은 화려하다. 향기가 삭제된 꽃잎은 매뉴얼에 따라 열렸다 닫혔다 꽃잎은 지지 않는다. 매뉴얼을 찾지 못한 벌은 공연히 씨방 위를 배회한다.

투명막 위 초속으로 풍경화가 바뀐다. 왕성한 혈관을 만든 꽃길은 씨방을 내보이며 빠르게 풍경화 속으로 빨려든다. 풍경화 속 꽃은 아직 유통 중이다.

차용된 존재의 혼돈 · 3
—사과 맛을 알아버렸어

매뉴얼대로 돈을 벌어 매뉴얼대로 동화 같은 집을 짓는다. 어느 날 문밖에서 마귀할멈이 불쑥 사과 한 개를 내밀고는 매뉴얼에 없는 가족이 된다. 마귀할멈은 입으로 자꾸 사과를 낳는다. 그 사과로 요리를 하고 그 요리를 시장에 내다 판다. 그 사과는 점점 유통망을 타고 각지에 퍼지고 사람들은 그 사과만 찾는다. 그 사과는 일류 요리를 낳고 고급 승용차를 낳고 최상의 빌딩을 낳는다. 마귀할멈은 그 사과로 그 도시의 주인이 된다.

빌딩 숲에 높이 솟은 전광판엔 마귀할멈표 사과 광고가 현란하다. 도시는 자꾸만 침이 고인다. 밤낮 은밀한 눈길로 전광판은 자꾸 사과를 낳는다.

맛 한 번 봐!

황사 · 1

가슴이 답답해. 자꾸 목이 따가워. 진통을 이기지 못한 하늘이 쿨럭쿨럭 기침을 해요. 대책 없이 단발머리 여자아이는 여행을 떠나고요. 기침을 삼킨 바람은 기우뚱기우뚱 숲에 누워 여자아이의 애매한 주소를 찾고 있어요. 눈앞이 침침해요. 서걱서걱 자꾸 눈이 아파요. 안구건조증이에요. 노출을 삼가하세요. 얇은 목소리로 처방을 끝낸 숲은 손을 씻어요.

빨간 사이렌불이 요란해요. 새들은 다른 별로 하나둘 이민을 가고 걸핏하면 외출금지령을 내리지만 조제실엔 약이 없어요. 하데스*에게 매수당한 검은 발자국 소리가 다가와요. 바람은 대책 없이 자꾸 잠을 깨워요. 여자아이의 뽀얀 웃음이 갇힌 줄도 모르고 숲은 자꾸만 등이 간지러워 몸을 비벼요. 여자아이의 하얀 마스크 위에는 검은 발자국이 난무하고 하늘은 쿨럭쿨럭 자꾸 기침을 해요.

뽀송뽀송한 햇살은 아직 감금 중인데요. 호사스러이 외출을 꿈꾸는 철없는 진달래를 보아요. 자꾸 사이렌은 울리는

데 가슴이 답답해요. 전보다 핼쑥해진 숲은 청진기를 들이대며 내쉬고, 후— 들여 마시고, 후— 호흡기에 이상이 왔어요. 손을 쓰기엔 늦었어요. 젖은 목소리로 처방을 마치고는 서둘러 하얀 커튼을 쳐요. 쿨럭쿨럭 자꾸 기침이 나요. 자꾸 눈이 침침해요. 별들이 자꾸 흔들려요. 여자아이의 담을 넘던 검은 발자국 소리가 티브이 속에서 쿵쾅쿵쾅 뛰어다녀요. 담이 해체된 숲에는 여자아이, 자꾸 쿨럭쿨럭 비릿한 기침을 해요.

* 하데스: '보이지 않는 자'라는 뜻으로, 그리스신화에 등장하는 죽음과 지하세계를 관장하는 신. 죽음의 신(남신).

황사 · 2

—수선화, 바람의 날개를 훔치다

바람을 쫓던 구름이 푸른 밀밭에 눕는다. 판박이 기계 속에 막 찍혀 나온 수선화가 노란 창문으로 화들짝 쏟아진다. 바람의 날개를 흠모한 밀밭은 순식간에 빛의 방향을 바꾼다. 행진곡에 놀란 구름은 커다란 날갯짓으로 솟구치듯 날아오른다. 찰나에 저장된 수선화 웃음소리가 아득하다.

바람은 밀밭에 누운 구름 이마에 가만히 입을 맞춘다. 아주 잠깐 분명히 수선화의 입술일 거라고 생각한다. 울렁증에 못이긴 구름은 울컥 구토를 한다. 수신되지 않는 신호음이 새 떼가 되어 날아간다. 수선화는 얼른 새의 등에 납작 엎드린다. 싱싱한 바람이 새의 날개를 힘차게 밀어 올린다.

묵은 옷장에서 눅눅한 냄새를 만지던 구름이 오래도록 앓아눕는다. 수신되지 않는 신호음은 밀밭에서 하품을 늘어놓는다. 사랑, 목구멍 속에서 채 준비되기 전에 희미한 미소가 밀밭에 번진다. 봄이 넘다가 쩔룩이던 언덕 위에는, 한가롭기 짝이 없는 목련이 눈이 얼얼하도록 알몸으로 밤을 지키고 있다. 아무 대꾸가 없다.

고립 혹은 자유 · 1

—기다리는 거, 이제 그만 해

언제부터인가 벽이 자라기 시작한다. 검은 곰팡이가 벽에 사는 일이 익숙할 때쯤 맞은편 벽이 또 자란다. 한 쪽 벽에서 어둠이 낳은 그림자가 길게 자라기 시작할 때쯤 또 다른 쪽 벽이 자란다. 벽과 벽 사이 커다란 외눈이 밤낮 떠 있고, 아무도 그 외눈과 눈을 맞추려 하지 않는다. 밤이다. 벽과 벽 사이 외눈이 다시 뜨고 그 눈 속에 날아다니는 찰라들이 포착된다. 벽이 걸어 들어온다. 한 뼘 또 한 뼘, 벽이 조여 오는 사이 한 아이의 그림자, 밤과 낮 사이에 무릎을 세우고 쪼그리고 있다. 꽤 오래 시간이 흘렀다. 벽은 점점 걸어들어 오고 여전히 아이의 그림자는 미동이 없다. 벽과 벽 사이에 떠 있는 큰 외눈, 가끔씩 서늘한 눈빛이 아이의 그림자를 쏘아본다. 성큼 아이의 등 뒤로 벽의 날이 다가서자, 혹독한 등뼈에서 왈칵, 비릿한 기억들이 쏟아진다. 벽의 키만 한 그림자가 아이를 에워싸고 그 그림자 속에서 아이는 귀를 세운 토끼의 하얀 그림자를 본다. 아이가 천천히 일어선다. 벽이 한 걸음씩 다가서고 좁은 길이 재빠르게 벽 사이를 빠져 나간다. 아이의 등 뒤로 벽이 서로 겹친다. 그 벽 앞에서 아이는 하늘 높이 떠오르는 풍차를 본다. 벽의 날에 튕겨 나온 아이가 둥실 날아오른다.

고립 혹은 자유 · 2

—나무, 하얀 자유를 꿈꾸다

파란 하늘 아래 하얀 동산이 내 고향이지.
동그랗고 아담한 그 동산에는 하얀 나무 한 그루가 있어.
그는 우주를 향해 팔을 뻗은 멋진 몸매를 가졌어.
잠에서 막 깨어난 촉촉한 동산 위에는 그 나무만 보여.
새벽마다 뽀얀 이슬로 몸을 씻은 그는 풀내음이 나.
그의 그늘 아래에서 잠이 들면 꿈이 풀빛으로 물이 들어.
길고 하얀 그의 팔은 동그랗게 우주를 안고 있어.
그의 팔 안엔 은빛 코끼리가 날아다니고
곡선으로 열린 정원엔 하얀 별들이 무도회를 열어.

회색빛을 돌돌 말아올린 시간의 계단에서 비가 쏟아져.
거뭇한 기억의 등살 위로 뽀얀 날개가 돋아나고 있어.
말랑한 가슴이 폭신폭신 동글동글 난, 자라고 있어.
그는 하얗고 아름다운 팔로 우주를 감싸고 있고,
하얗고 아름다운 팔로 여전히 날 안고 있어.
동그랗게 자란 나는, 모자를 벗고 이별을 준비해.
하늘을 향해 깊숙이 뿌리를 내리던 그는
땅에 뿌린 은빛 물방울 소리를 저장하고 있어.

고립 혹은 자유 · 3
—숲에서 빈 의자를 보다

숲은 꿈속 어느 지점인 거야. 언제나 꿈을 꾸면 숲에 혼자 남게 돼. 숲에서 길을 잃은 거지. 그 숲은 옛집인지도 몰라. 길을 잃고도 무섭지가 않거든. 천천히 걸어보는 거야. 나무들이 오목하게 허리를 굽혀 길을 안내하고 있어. 지루한 숲길에 안개가 피어오르고 있어. 오목하게 허리를 굽힌 나무 뒤에 잠시 쉬면서 이 숲에 혼자 남은 나를 봐. 그리고 생각해. 이 숲에서 나가야 한다고. 지루한 숲길을 다시 걸어. 다리가 아파오기 시작해. 어두워지고 있어. 멀리 빈 의자가 보여. 거기 앉아 쉬면 편안해질 거야. 한참을 아무 생각 없이 빈 의자에 앉아서 쉬어. 그러다가 생각해. 왜 아무도 보이지 않는 걸까. 이 숲에서 나가야 한다는 걸 그러면서 알아챈 거야. 또 걷기 시작해. 오목하게 허리를 굽힌 나무들 사이에 익숙한 얼굴들이 보여. 옛 친구들이야. 내 이야기가 가득 담긴 가방을 든 친구들이 오목하게 허리를 굽히고는 옆으로 서 있기도 하고 뒤돌아 서 있기도 해. 그러면서 계속 길을 내어 주고 있어. 말을 걸어 볼까도 싶었지만 그냥 걷기만 해. 걷다가 지루하면 친구의 등을 가만히 쓰다듬기도 하고 노래를 하기도 해. 다시 걷기 시작해. 멀리 희미한 안개 속에서 빈 의자가 기다리고 있어. 빈 의자에서 쉬는 동안 몇 번을 생각했어. 어쩌면 이 숲에서 나갈 수 없을지도 몰라. 멀리 빈 의자가 보여. 발이 아파. 빈 의자에서 나는 다시 쉬게 되겠지. 지금은 꿈 속 어느 지점인 거야.

고립 혹은 자유 · 4
—영혼이 새어나가다

언제부턴가 내 몸에 구멍이 생기기 시작했어. 그 구멍은 점점 많아지고 커져가고 있어. 그 구멍으로 내 속에 갇힌 영혼이 새가 되어 날아가고 있어. 영혼이 빠져나간 가족들이 책을 읽고 식탁에 앉아 밥을 먹고 영혼이 없는 얼굴로 하늘을 향해 향을 피우고 있어. 어느 날 영혼이 없는 그와 오래 키스를 하고는 가슴에 투명하고 가느다란 회로를 꽂아 둔 채 떠났어. 아릿함이 잦아들 때쯤 회색빛이 몸에 번지고 점점 몸이 투명해지기 시작해.

푸르스름한 안개 두른 거리를 낯선 사람들이 표정 없이 돌아다녀. 그들 가슴에는 파란 나선이 길게 자라고 있고 그들은 목소리를 잃은 지 오래야. 어제도 오늘도 그들은 길게 자라는 파란 나선을 확인하고는 안심해. 내 몸의 구멍은 아직 아물지 않고 환청 속에 친구의 목소리가 갇혀 있어. 내색할 수 없는 진통이 가슴을 조여 와. 그때마다 점점 마음벽에서 투명하고 가느다란 나선이 자라고 그 나선 끝으로 깜박깜박 파란 불이 들어와. 다른 누군가가 나의 정보를 읽고는 정보창에 물음표를 띄워. 투명한 회색빛 얼굴들이 알 수 없는 정보들을 빠르게 폐기하고 있어. 이야기가 삭제된 그들의 눈동자들이 의미 없이 깜박이자 문뜩 몸이 다른 곳으로 이동하고 있어. 그들은 가느다란 나선으로 나의 정보를 분석하고 있어. 금세 내 안에 새 회로들이 교체되고 있어.

고양이의 야행성 훈련

누군가의 관심 따윈 상관없어.
점점 어둠이 짙어지면 꼬리를 곧추세우고,
비호같이 그 어둠 속을 누비고 다니는 거야.
먹잇감을 찾을 땐, 바람도 눈치 채지 못하도록 낮은 포복으로,
목적지를 향해 민첩하고 단순한 몸짓으로 뛰어들어야 해.
때론, 오래 묵은 먼지로 털럭이 더러워지고,
품위를 조금 잃는 것도 감수해야 해.
말초신경으로부터 낌새가 느껴지면 날랜 몸짓으로,
산채로 포획한 먹잇감을 단숨에 먹어치우는 식성은 배워선 안 돼.
낚아챘다, 굴렸다, 낚아챘다, 굴렸다,
먹잇감이 기절한 후에 먹는 것이 바른 식사법이지.

높은 곳을 오르내릴 때는 한 치의 흐트러짐도 용납하면 안 돼.
체조선수처럼 우아함을 유지해야 하거든.
우리에게 사냥이란 성공하든 실패하든 눈빛을 흐려선 안 돼.
우리 이런 당당함에 먹잇감들은 이미 주눅이 들고 말거든.

뒷일을 보고 난 뒤에도 반드시 흙을 덮어 꼭꼭 다져놓는 센스도 잊어선 안 돼.

그것은 우리 족속이 오랫동안 지켜온 자존심인 거야.

먹잇감을 던져준다고 함부로 받아먹었다간 위험해.

진심으로 챙겨주는 주인이 있다면 천행이지.

그렇다고 애정 따윈 절대 구걸해선 안 돼.

허기로 다리가 휘청거려도 허리를 곧추세우고 걸어야 해.

영민한 눈빛을 가진 우린 특별한 족속인 거지.

자, 이제부터 사냥을 시작하겠어. 냐—옹.

권태

전화 걸려오는 소리. 투— 투르르 투— 투르르. 말씀하세요. 연장신청은 하셨어요. 잠시만요. 네, 네, 짤까닥. 그가 종이 분쇄기 앞에 뭔가를 집어넣는다. 쭈루루— 쭈루루— 문서들이 종이 분쇄기 안으로 빨려들어 간다. 뚜벅, 뚜벅, 프린트기 앞으로 혹은 서고 앞으로 혹은 커피자판기 앞으로 오가는 직원들 구두소리, 뚜벅 뚜벅 뚜벅 침묵, 침묵, 침묵…….

토닥, 토닥, 토닥, 컴퓨터 자판기 부지런히 두드리고, 찌걱 찌걱 마우스 부지런히 움직이고, 언제까지 설계 완료되는 거야. 경남 억양이 짙은 상사의 투박한 목소리를 밟고 찰카닥! 누군가 서고문을 여닫고 돌아간다. 탁! 친절과 봉사, 서류가 책상 위에 쌓인다. 침묵, 침묵, 침묵…….

자판기 커피는 누구에게든 일정량만 친절하게 일회용 잔에 쏟아놓는다. 침묵, 침묵, 침묵……. 톡, 톡, 톡, 하라는 대로 만들어요. 네, 네, 알겠습니다. 띠롱, 띠롱, 그의 핸드폰이 걸려온다. 왜. 끝나면— 파워포인트로. 알았어. 잠깐 들어와.

'미소와 민첩, 살고 싶은 사회복지' 사각틀 속에서 번뜩이는 시정방침이 쭈르르, 쭈르르, 상사의 목소리가 쭈르르, 쭈르르, 어깨 위를 무겁게 짓누르는 기획안이 쭈르르, 쭈르르, 종이 분쇄기로 빨려 들어간 하루치의 소음이 쭈르르, 쭈르르.

그녀의 매뉴얼

그가 이것저것 새로운 기능을 익히고 있다.
와이퍼를 움직였다가 멈췄다가,
라이트를 껐다가 켰다가,
실내등을 밝게 했다가 어둡게 했다가,
오디오를 켰다가 라디오를 켰다가,

그래도 도대체 알 수 없는 기능들.
손에, 눈에, 감각에, 익숙해질 때까지
필요한 시간을 만지작만지작,
번거로움도 만지작만지작,
그녀와 일체가 되기 위해 열중이다.

같이 한 잔 할까.
영화보고 싶어.
지금 어디야.
혼자 있고 싶어.
쇼핑 할까.
날 내버려 둬.

지금 어디야.
자고 싶어.

그녀에게 편안히 다가가기 전,
갈수록 손끝이 떨려오는 그녀의 매뉴얼.

누군가 그의 날개를 재단하다

너의 몸에 꼭 맞는 날개를 제단하려면 이 쪽, 저 쪽, 세심한 눈길이 필요해. 우선 정확한 눈금의 자를 준비하고 날개 죽지의 밑그림을 그려 보는 거야. 그 다음은 치수. 길이는 오 인치, 폭은 삼 인치 반. 디자인은 갈색 무늬에 보랏빛 날개로 하지. 전통적인, 아니면 나비형, 신개념식으로 양 날개를 달아보는 거야.

재단사는 손끝으로 날개끝을 톡, 건드려 본다.
파다닥, 얇은 소리 끝으로 상자 하나가 배달된다.
상자 안에선 뭉퉁한 새 한 마리 누워있다.
그를 가운데 놓고 손들이 가위, 바위, 보를 한다.
그 중 한 손이 상자 안으로 쑥, 손을 넣는다. 그가 옮겨진다.
익숙한 솜씨로 말랑말랑한 날개가 그의 등에 이식된다.
손 하나가 유리 상자 속으로 다시 그를 옮긴다.
진열대, 그곳에서 그의 존재가 확인된다.
그에게 붙여진 이름은 새, 혹은 나비,

호기심으로 부푼 눈알들이 유리벽을 넘나들고,
그는 날개를 접은 기억이 없다.

말의 잔치*

—오늘의 메뉴는

녹차밭 한 술 퍼 담은, 녹차밥에 빨강 노랑 초록 오색 김치랑 간장에 재운 게장, 입맛이 당긴다. 동면을 끝낸 푸른 뱀이 거품이 뽀글거리는 게장의 말㲯을 칭칭 감아 삼킨다. 말*의 모태에서 자생한 푸른 뱀은 뱅글뱅글 말眛의 똬리를 트는 법을 배운 거다. 되새김질이 필요 없는 푸른 뱀, 순간 식욕의 눈빛이 번뜩인다.

친절하게 자리를 비워둔 식탁 위에 동강동강 잘린 말䬴들이 진열 중이다. 만족을 모르는 푸른 혓바닥은 노련하게, 고도로 숙련된 감각으로 모든 맛을 선택한다.

훈련된 말抹의 맛은 흥미롭고 치밀하다. 포기할 수 없는 그 서늘한 혓바닥은 바다 한가운데 말枺의 탑을 깎아 세워두기도 한다. 아무도 푸른 뱀의 혓바닥인 줄을 눈치 채지 못한다. 싱그러운 말妺의 새순들이 푸른 뱀의 혓바닥을 허락하고는 무지개가 뜬 하늘을 상상한다.

그 혓바닥에 감염된 푸른 말妺이 우우 모인 식탁엔, 말妺이

신이다.

*말(=로고스): 고대 그리스 철학이나 신학의 기본 용어.—말을 하고 사물의 존재의 '무엇인가'를 파악하는 인간의 '분별', '이성'을 뜻한다. 말=唜 끝. 末 나무의 끝, 물건의 꼭대기. 抹 칠하다, 비비다, 지우다. 沫 거품. 茉 관목. 襪 버선. 靺 꼴. 妹 여자의 자. 眛 어둑어둑. 枺 기둥. 瀎 닦아없애다. 礣 자갈. 粖 미음. 죽 袹 머리띠, 허리띠.

유월밤의 합창

저들끼리 입을 맞추는
개구리들의 노래.

그려그려, 너의 아픔.
그려그려, 너의 사랑.
그려여 그려,
세상일이 다 그려.

네 노래 따라가며
여름밤도 깊어가고.

새의 날개를 스캔 하다 · 1
—울렁거릴 거야

아침이 빨갛다. 아이엄마는 아침마다 아이에게 빨간 알약을 챙겨 먹인다. 그리고 굳게 믿는다. 아이보다 빨간약의 효능을, 아이의 심장에는 빨간 알약이 차곡차곡 저장된다. 빨갛게 자라는 아이는 빨간 구름을 타고 내달린다. 골목에서 운동장으로, 사거리로, 고속도로로, 바다로, 하늘로, 마구 내달린다. 시속을 느끼지 못한다. 제동도 필요 없다. 빨간 신호등이 춤을 춘다. 감시카메라, 그 아이의 속도를 실시간 스켄 중이다. 아이는 계속 달린다. 아이 앞으로 빨간 경고장이 발송된다. 아이는 빨간 한숨을 내쉰다.

아이의 머리 위에 빗줄기가 쏟아진다. 아이는 빨간 빗소리를 들으며 꿈을 꾼다. 아이는 새의 날개를 빠르게 스캔한다. 아이의 등 뒤로 오색빛 날개가 돋는다. 하늘길이 열리고 곧장 날아오른다. 그리고 하얗게 잊는다. 아이엄마는 오늘도 내일도 빨간약을 챙긴다.

새의 날개를 스캔 하다 · 2

—엄마, 이제 됐어?

얼른 일어나야지.
아침은 또 안 먹는다고,
영어학원 바꿔야겠다.
담임선생님을 만나봐야겠어.
수학, 십 점만 더 올리자.
기운이 없어 보여, 어깨 쫙 펴고,
머리 맑아진대, 쭉 마시거라.
힘들겠지만 조금만 더, 알겠지.
주말에 영어, 수학 과외를 더 받아보자꾸나.
옆집 기찬이도 받는다더라. 성적이 쭉 올랐대.
돈 걱정은 말고 넌 공부에만 집중하거라.
S대 가려면 지금부터 바짝 해둬야지.
수련회는 무슨, 영문법 좀 더 신경 써야겠던데.
대학 가면 하고 싶은 것 다 할 수 있어 그때까지 참거라.

너 보고 싶다고, 할머니 많이 아프시단다.
다녀올 테니 긴장 놓지 말고,
얘, 땀나도록 공을 차면 어떡해.

운동하다 기운 빼면 수업시간에 졸려서 못 쓴다.
(두고 보라지. 잘난 척 하는 것들, 기를 팍 꺾어놔야지.)
얘, 뭐하니 얼른 학원 가야지.

한 여고생이 부모가 바라는 성적을 달성하고는 베란다에서 투신했다. 유서로 남긴 말,
엄마, 이제 됐어?

한 신문사 사회면에 기사 한 줄 남기고 아침은 사라졌다.

울어도 괜찮아, 봄이니까요.

보아요. 가지마다 얇은 연초록 잎이 눈을 뜨네요.
보아요. 개나리, 진달래, 복사, 꽃잔치에 들이 산이 들뜨네요.
담장 아래 구석구석 몸을 낮추는 선한 햇살을 보아요.
굳어있던 터전은 말랑말랑 마음을 풀고 있고요.
얼음에 꽁꽁 묶인 개천도 발을 풀고 있어요.

봄이어요. 집집마다 창을 열어요.
땅이 열리고 하늘이 열리고,
마음이 열리고 눈이 열려요.

땅, 속에도 땅, 위에도
생명을 몰고 오는 발자욱들이 우르르 뛰어다녀요.
밤새 폭설을 견디다 허리 꺾인 나무, 꺾인 채로
잎을 피우네요. 꽃을 피우네요.

이 봄에 인터넷이 떠들썩해요.
영화배우 모씨, 이 봄을 또 포기했대요.

바람은 자꾸만 가지를 꺾고 사라져요.
꺾인 채로 휜 채로 나무들은 기어이 꽃을 피워요.
겨우내 눌러둔 눈물이어요.

그 꽃가지 아래에 한참 동안 서 있어요.

어떤 예배시간

1.

정치인을 신뢰합시다. 교사를 신뢰합시다. 교회로 와야 살 길이 열립니다. 한 사람 한 사람 교회로 인도합시다. 우리는 거듭날 수 있습니다. 거룩하게 살 수 있습니다.

2.

소리들이 예배를 한다. 죄도 거룩함도 소리가 되고, 불신도 믿음도 소리가 된다. 배신도 용서도 소리가 되고 만족도 변화도 소리가 된다. 미움도 사랑도 소리가 되고 마귀도 성령도 소리가 된다. 연보로 사들인 은혜도 소리가 되고, 낮은데 앉은 평신도도 소리가 되고, 높은 데 선 목사도 소리가 된다, 나도 소리, 너도 소리, 소리, 소리, 소리.

3.

성전 꽃꽂이 수반 위에 주황색 장미는 주황색으로 졸고 있고, '풍성한 삶으로 인도하는 교회' 프랭카드가 늘어져서 졸고 있다. 나는 포도나무요 너희는 가지니. 성구가 졸고 있고, 아멘, 교인들의 습관적인 복창소리가 졸고 있다. 성가

곡 음표가 졸고 있고 피아노 건반 두드리는 소리가 졸고 있다. 찬송가 가사들이 졸고 있고 형벌처럼 매달려 있는 나무십자가가 졸고 있다. 교회 긴 의자들이 졸고 있고 긴 의자 위에 반쯤 열린 성경책이 졸고 있다. 한 쪽 벽에 덩그러니 차지하고 앉은 스피커가 졸고 있고, 목사님 목소리도 졸고, 모두들 졸고 있는 교회뜰에 가늘게 핀 코스모스가 하늘하늘 웃고 있다.

아바타 파격 세일

오십 프로 파격 세일. 신상품을 폼 나게 차려입고 마네킹이 패션쇼를 한다. 유명브랜드 샾 간판 위에 녹색 현수막. 펄럭 펄럭 바람으로 부푼 손짓을 멈추지 않는다. 호기심 가득한 눈빛으로 각양각색으로 진열된 옷을 입었다가 벗었다가.

세련된 투피스 연출로 계약체결을 끝내고, 빨강 원피스로 한껏 멋을 부리고는, 도시를 떠나 여가를 즐기고, 활기찬 운동복으로 다시 갈아입고 살랑거리는 바람을 맞으며 멋지게 샷을 날리고, 각양각색 상상의 나를 입었다가 벗었다가.

변하고 다시 변할 수 있는 숨 막히는 즐거움이 옷걸이에 걸려 하하 호호. 아무 일 없을 거야. 나는 여전히 사무실에서 부지런히 자판기를 두드리고 있을 테니까.

오후가 훌쩍 지나갔다.

즐거운아바타신속한아바타고독한아바타외출중인아바타맘좋은아바타섹시한아바타.

아바타를 한 꾸러미 사들인다. 얼마간 나는 행복할 예정이다.

| 제2부 |

묵언수행

곡예사의 꿈
—염려 마, 허공에 길을 내면 돼

길이 없다고, 높은 허공 위의 길을 걸어 봐.
허공을 힘껏 튕겨서 한바탕 춤을 추는 거야,
발끝에서부터 짜릿한 바람을 느낄 수 있어.

아득한 창공에 빙글빙글 대형 스크린이 걸린다.
별들이 호각을 불면 동그랗게 등을 말고 달이 줄을 탄다.
빙글빙글 새가 되고 빙글빙글 백마가 된다.
울렁울렁 스크린이 꿈을 꾸며 돌아간다.
다시 한 번 팽팽하게 스크린을 당겨본다.
출렁, 아침해가 부풀어 오른다.
붉은 타원형이 대형 스크린 위에 겹친다.
지금이다.

창공 높이 피닉스* 한 마리 화르르, 날아오른다.

* 고대 이집트의 상상의 신조(불사조).

탁란

레이더망에 목표물이 포착된다. 너의 모든 사생활을 체크하려면 이정도 중턱이 딱 좋지. 어서 둥지를 틀어라. 이왕이면 튼튼하고 폭신하면 더 좋겠지. 이제부터 널 꼭 닮은 분신을 내가 어떻게 준비하는지 두고 봐. 서두를 필요는 없어. 가끔씩 네 수고를 달래기 위해, 삐꾹— 삐꾹— 밀물이 밀려오듯 은밀하게, 혹은 감미롭게, 노래를 불러.

숲에서 놀던 바람이 부풀어 오른 파란 침실을 하늘로 스르르 밀어 올린다.

크기도 모양도 이만하면 완벽하잖아. 의심할 것 없어. 이제부터 너의 분신이야. 이제부터 스릴 넘치는 게임을 시작해 볼까. 성공하려면 먼저 개개비보다 앞질러 깨어나야 하는데, 그 다음은 어미가 오기 전에 개개비알을 흔적 없이 둥지 밖으로 없애야 하고. 그리고 그 둥지를 네가 차지하는 거야. 이 모든 과정을 넌 할 수 있어. 넌 개개비가 아니니까.

마지막 남은 개개비알이 툭, 둥지 밖으로 떨어지자 개개비알을 삼킨 강물이 바르르 경련을 일으킨다. 개개비 부부는 아직도 눈치 채지 못한다.

엄마 배고파. 바—압. 밥, 밥, 배고파. 빨리 바—압. 그래, 그래, 그만 보채렴. 정신을 차릴 수 없구나.

너의 모성애가 훈장이고 함정이지. 우린 운명인 거야. 이런, 몸이 점점 조여와. 날개가 계속 진화하고 있어. 때가 된 거야. 돌아보지 마.

숲의 옆구리에서 화다닥, 날개를 펼친 본능이 날아오른다.

어떤 풍경

빛바랜 중절모에 잿빛 두루마기 차림 중년의 그 분. 홀홀단신 객지에서 몇 번의 겨울을 넘기던 딸의 기숙사를 불쑥 찾아 왔다. 예기치 않은 방문에 멀뚱한 딸을 보고는 그냥 잘 지내는지 와 봤다. 건강하니 되었다. 들어오지도 않고 곧장 나가신다. 나가시다 말고 그 날은, 안주머니에서 꼬깃꼬깃 지폐 한 장을 딸의 손에 쥐어 주고는 휑하니 떠나신다. 그 분만의 소통방식이다.

기억을 더듬는다. 예전에도 그 분 눈은 그리 움푹했었던가. 눈시울이 붉어져서 서둘러 나가신, 자식과도 일정 거리가 필요하신 그 분만의 사랑법. 그 땐 알 리가 없었다.

그 딸은 어미가 되었고, 객지로 보낸 딸을 보려고 버스를 기다린다. 희끗희끗한 기억의 한 끝, 그 분 뒷모습이 북적이는 인파 속으로 사라진다.

당신의 휴일! 안녕하시죠

열 시. 깍듯한 목소리에 눈을 뜬다. 착각할 정도로 사실감 나는 그 목소리가 아직은 들을 만하다. 늘어지게 기지개를 켜고 침대를 정리한다. 창문을 삐죽 밀어본다. 어이없게도 너무나 평화로운 풍경이다. 예닐곱 된 아이들이 무더기로 재잘거리며 지나가다 콘크리트벽이 찢어져라 웃음을 터트린다. 아주 잠깐 골목길이 출렁거렸을 뿐 이내 아무 일이 없다. 가로수는 여린 녹색팔을 휘휘 내저으며 휴일의 바람을 쓸고 있다. 폰을 뒤적거린다. 수신된 메시지 삭제 수신통화 삭제 부재중 전화 스팸 문자 수신거부 삭제. 삭제.

실시간 속보, 한반도 전쟁을 불러올 수 있는 시나리오로, 서해상에서의 충돌, 비무장지대 대북 선전 재개에 따른 충돌, 후계 문제를 둘러싼 북한 내부의 권력투쟁과 쿠데타, 북한 내부 붕괴 가능성, 북한의 핵무기 관련 도발 등.

띠리링! 안녕하세요. 이모, 광석인데요. 저 낼 입대해요 몸 조심히 안녕히 계세요. 지루하다 못해 거꾸로 흐르는 휴일에 몸살 난 어느 청춘에게 내민 영장. 2010○○부대 일천삼백 오십년 일월 이일 일요일. 소집. 끝.

무서운 S라인

채송화 같은 그녀. 빨강 원피스를 보면 생각나는 그녀. 점심 안 먹어? 작년보다 살이 더 쪄 다이어트 중이에요. 몸무게가 얼마나 돼? 미달이에요. 근데 더 빼야 하는데 걱정이에요. 초코렛을 너무 좋아해서. 바람 불면 호르르 날아갈 것 같은데 다이어트 이야기만 송글송글 뱉어내는 그녀. 밥알을 세며 식사를 하고는 십층이나 되는 계단을 폴짝폴짝 뛰어다니는 그녀. 자기소개를 하던 날, 발그레한 수줍음이 목선까지 피어나던 그녀, 자기 얼굴이 맘에 들지 않는다고 턱뼈 시술을 받고 싶단다. 소녀시대 누구처럼 예뻐지고 싶단다. 이것도 하고 싶고 저것도 하고 싶고, 반짝반짝 그녀 나이 갓 스물.

칼국수집에 점심을 예약하고 그녀를 불러낸다. 며칠 전만 해도 통통했던 그녀 다른 사람이 되었다. 도대체 무슨 짓을 한 거야. 운동은 매일 한 시간씩, 식단은 저염 음식으로 한 달 만에 5킬로를 감량했단다. 그녀 대단하다. 장칼국수가 나오고 식사를 하려는데 앞 접시에 물을 따르더니 칼국수며 김치를 퐁당퐁당 헹궈 먹는 그녀. 어디 아파. 아니—. 근데 왜. 무슨 맛으로 먹어. 그래야 목표 수치 10킬로를 감량할 수 있단다. 그녀 정말 무섭다. 전엔 국물까지 후루룩 깨끗이 들이켰던 그녀. 잘록해진 허리를 자랑하듯 곧추세우고 희멀겋게 씻은 국수 가락을 올올이 건져 먹는, 그녀 나이 마흔 중반.

치악산 잔월殘月

향로봉이 눈을 뜨면 보은의 종소리 멀리 울리고,

붉은 꿩은 치악 골짜기를 잊지 못해 해마다 찾아든다.

망경봉, 향로봉에 이르는 자지러지는 능선을 따라,

바람은 제멋대로 들어왔다가 길을 잃는다.

전설의 생명수가 키워낸 치악산 단풍은 아직도 사춘기,

낙엽을 제치고 손을 적시는 세렴폭포 아래로

구룡사의 염불소리는 길고도 깊어라.

문득 바람이 사라지고, 단풍도 사라지고,

모두 떠난 골짜기에 잔월만 걸터앉아 치악을 그린다.

은행나무는 황금알을 낳고

신이 임재하던 시대는 끝났다. 돈이 신이 된 시대, 얼굴을 성형하고 몸도 성형하고 돈나무가 되었다. 쭉쭉 빵빵 곧게 뻗은 몸매에 황금빛 지폐로 옷을 차려 입었다. 돈 냄새가 바람에 날린다. 돈을 따려고 자루를 준비한 사람, 긴 막대를 준비한 사람, 쿡쿡, 돈 냄새를 맡고 사람들이 모여든다. 돈이 보이고 사람들이 모여 들고, 축배를 들자, 돈나무를 위하여!

사람들은 돈에 취하고 나무들은 울긋불긋 술에 취하는 가을날, 자루 가득 돈을 모았다. 골방에 꼭꼭 묻어둔다. 하루 이틀, 열흘 스무날, 똥내가 코를 찌른다. 똥내를 맡지 않으면 돈은, 돈이 아니다. 누런 똥을 푹푹 밟아 개울물에 연거푸 씻어낸다. 또록또록 영근 은행알이 뽀얀 얼굴을 내민다. 은행은 혈액순환에 좋다는데, 돈은 은행이 되었다.

은행을 줍느라 혈안이 된 사람들, 은행나무 아래로 모여든다.

가을 심포니
—나무에 열매가 없어도

감나무에 감이 곱네요. 사과나무에 사과가 향기로워요.
열매를 보여줘. 너의 열매를 보여줘.
비가 많이 와서요. 바람이 많이 불었거든요.
내 주머니에는 열매가 없어요.
열매를 보여줘. 너의 열매를 보여줘.
내 주머니는 비어있어요.
자꾸 조르지 말아요. 빈 주머니가 민망해요.
벌나비가 길을 잃었어요. 햇살이 조금 모자라요.
어디서 찾아야 할까, 어디서 구해올까.
자꾸 조르면 곤란해요. 내 주머니는 아직 비어있어요.
한여름 지친 걸음이 내 그늘에서 쉬어가고요.
새들은 내 품에서 보금자리를 틀어요. 그게 다예요.
미안하고 미안해서 울긋불긋 내 몸에 열꽃이 피어요.
찰칵, 누군가의 셔터 속으로 순간 빨려 들어가요.
또 다른 추억으로 내 생이 재생되고 있어요.
하늘은 자꾸만 파리하게 멀어지고
남루한 계절을 위해 몇날 며칠 뚝뚝 눈물 바람이어요.
그 눈물을 주워 시인들은 노래를 불러요.

그게 다예요.

바람이 분다.

가로수 아래, 마른 생들이 화르르 창공으로 날아오른다.

가을볕이 슬쩍 곁을 내주는 오후, 연주는 아직 끝나지 않았다.

겨울 산책 · 1

—그대, 오늘밤 잠시 불을 꺼주세요

무심히 거리를 걸어갑니다.

거리로 쏟아져 나온 성탄트리들이 번쩍입니다.

크리스마스가 다가옵니다.

아기예수, 동방박사, 마리아와 요셉, 성탄전야 성극은 그 밤 꿈속으로 이어지던 초롱초롱한 어린 시절, 지금은 한 조각 비늘처럼 기억 속에서 흔들립니다.

교회 성극이 시시해진다는 건, 어른이 되어간다는 증거이지요. 떠들썩한 거리로 나가면 또 다른 연극을 볼 수 있죠. 반짝이는 네온사인에 들뜨고, 거리를 출렁이게 하는 캐럴송에 들뜨고, 받아라, 부어라, 술잔에 들뜨고, 뒤섞여 춤추며 노래하며 들뛰고, 들뛰고, 들뛰고, 밤새 들뜨다가 그렇게 어른이 되어간다는 건, 들뛰는, 또 다른 즐거움을 알게 된 거지요.

한 해 또 한 해, 성탄전야는 돌아오고, 어른이 되어가고 차차 어른이 되어가고, 언제부터인가 들뜨던 크리스마스도

시들해져 버렸지요. 그리고 언제부터인가 불 꺼진 방에 누군가가 홀로 앉아 있어요. 그가 누구인지 알고 싶지 않아요. 그 방엔 내가 없으니까요. 누구인지 모르는 그가 계속 훌쩍이고 있어요. 때로는 밤새 흐느껴 우는 소리도 들었어요. 그래도 그가 누구인지 관심이 없어요. 그 방엔 내가 없으니까요.

시들해져버린 크리스마스가 눈이 내리듯 조용, 조용히 다가오고 있어요. 시골 교회 올망졸망 모여 앉은, 누군가가 보여요. 말구유, 아기예수, 마리아와 요셉, 황금, 유황, 몰약. 고요한 밤, 고요한 밤.

아직도 캄캄해요. 그래서 더욱 고요해요.
불 꺼진 방마다 올해도 크리스마스가 다가오고 있어요.
캄캄한 방에서 마주한 누군가를 위해서.

* 2010년 12월 24일 크리스마스이브, 교회에서 낭송한 시.

겨울 산책 · 2

—방안, 하얗게 갇힌 날에

방 안에 길이 있어요. 그 길에는 말의 씨앗들이 분수가 되어 삼백육십오일 솟아 흘러요. 그 물줄기를 따라 핀 꽃은 아치형 무지개를 세우곤 해요. 무지개 위에 새들이 날아들어 야금야금 색조 모이를 쪼아 먹고 있어요. 새들은 통통 살이 오르고 통통 살이 오른 아침해가 날마다 창에 묻은 말의 얼룩을 문지르고 있어요.

간 밤, 누군가 뿌려 놓은 말의 씨앗들이 꼼지락거리며 모니터 밖으로 튀어나오고 있어요. 천지사방으로 길은 나있고, 길에서 다친 마음을 싸안고 방으로 되돌아오기도 하고, 비틀비틀 해매다 끝내는 길바닥에 몸을 누이기도 해요. 채이고 밟히고, 몸을 감싼 단단한 껍질이 벗겨지고 부드러운 새순이 튼실하게 자랐어요. 여러 해 길목을 지킨 느티나무처럼 자랐어요. 어느새 높이 자란 길은, 벽이 되어 막아서요. 그 벽에 자전거를 타고 멋지게 벽을 넘는 나무그림자를 그려 넣어요. 벽은 커다란 화폭이 되었어요. 어느새 아이들이 모여들어 제각각 그림을 그려 넣고 있어요. 아이들 웃음이 몽실몽실 양떼구름으로 피어올라 하늘까지 닿았어요.

말의 웃음들이 바람의 머리칼을 타고 사락사락 하늘에서 내려오고 있어요. 오감에 길들여진 모니터 위를 하얗게 덮고 있어요. 하얀 방이, 붓으로 그려놓은 듯 고요해요.

겨울 산책 · 3

—매지호수, 안개 속에 갇히다

호숫가를 걸어요. 희뿌연 안개 속에 호수가 사라졌어요. 이열 종대로 서서 훤히 길을 내주던 벚나무들이 몇몇만 보이더니 사라졌어요. 벚나무 산책길도 사라졌어요. 사라진 그 길의 기억을 따라 걸어들어 가요. 방금 전, 나도 사라졌어요. 매지호수, 하늘, 길, 경계가 모두 사라졌어요. 한 걸음의 경계를 지나 다른 세상에 와 있어요. 나무들이 공중에 떠 있고 나도 떠다녀요. 오리가 호수에서 놀아요. 다시 보니 오리 그림자였어요. 온통 희뿌연 세상은 고무풍선처럼 통통 부풀어 있어요. 걸음을 옮겨 놓을 때마다 그 고무풍선은 둥둥 내 의식 속을 들여다보며 웃고 있어요. 사라진 호숫가에서 호수를 보고 사라진 벚나무들을 보고 사라진 나를 보고, 다시 보니 그림자였어요. 거짓말 같아요. 그러나 분명히 보고 있어요. 꽁꽁 묶여 있던 지각의 끝이 후들후들 흔들리고 있어요. 물러설 기미조차 없는 안개 속 세상이, 저벅저벅 내 속으로 걸어들어 오고 있어요. 내 속에 쌓인 암석 한 층이 또 허물어지는 소리를 들어요.

겨울 산책 · 4

—나목의 자존심

바람 앞에 선다. 앙칼진 바람의 손톱이 볼을 할퀸다. 볼을 데워준 머플러는 바람의 시녀가 되었다. 얼음창을 닫아 건 호수는 이미 바람이 점령했다. 오리도 가고 원앙도 떠났다. 바람의 계절이다. 그 기세 앞에 만물이 얼어붙었다. 앞에서 막으면 뒤에서, 뒤를 막으면 앞에서, 전투가 시작된다.

손을 흔들어 너를 맞으마. 춤을 추며 너의 독주를 받아 주마. 오너라. 나와 거래하자. 네 손톱에 내 살갗을 내어 주마. 기세 등등 네 칼에 내 뼈도 내어 주마. 터지고 갈라지고, 검은 흙터로 내 성의를 삼으리라. 오너라. 팔을 들고 선, 내 알몸을 비웃으며 오너라. 어서와 나를 꺾으라. 가닥가닥 꺾인 자리마다 꽃이 피리라. 목숨을 원하느냐 그것도 가져가라. 마침내 신성한 수액이 지면을 덮으리라. 너는 천년만년 살아라. 겨울은 너의 계절. 나는 죽으리라. 몸을 틀어 곧 봄이 오겠구나. 내 몸에 온통 꽃잎이 터지고 생명의 향기가 지면에서 지면으로 퍼져가겠구나.

절정

시월을 한 주 남긴 가을 막바지다.
푸릇푸릇 설익은 추임새는 다 던져버렸다.
뿌리까지 붉게 물들인 투명한 빛이
한 계절을 미친 듯이 뜨겁게 돌진해오면,
몇 번이고 자지러지는 격렬한 저 몸빛.
어떤 기억, 어떤 소리, 그 어떤 것도 보이지 않는,
열중하고 몰입하여 오로지 정점을 향해 더운 숨 몰아
마침내 온몸으로 발화發火하는, 단풍나무들.

하늘 닫는 시간도 잊고 얼굴 붉힌 서쪽하늘에
빼꼼히 실눈 뜬 눈썹달은 그 꼴을 훔쳐보는데,
절명의 고통을 다 사른 붉은 몸빛 하나
툭, 시간을 벗어났다.

과수원에서

—과일이 익어갈 때 나를 잊어줘

이른 아침 과수원에 이슬이 잠깐 반짝인다.
벌이 춤을 춘다. 술렁술렁 과수원이 들뜬다.
씨방에 송골송골 청빛 별이 맺힌다.
과수원은 과꽃의 파다한 웃음들을 기억한다.
비가 내린다. 과꽃이 비가 되어 흩날리던 날,
과수원이 과꽃에 젖는다.
과수원 청빛 꿈도 보름달만큼 자랐다.
과수를 잡아당기며 놀던 바람이 싫증내고 사라진다.
밤이다. 별이 지고 달이 진다.
우르르 하늘이 지던 날
투둑, 청빛 인연을 놓는 소리.
과수원이 아프다.

볼그레한 사과는 바람의 색시다.
포동포동 살 오르고 향기로운 인연을 놓아버린 낙과,
거뭇거뭇 흙이 된다. 이슬이 된다. 바람이 된다.
과수원에 들어서면 주렁주렁, 과일향이 익어간다.

벽 너머, 벽

벽 속에서 소리가 들린다. 벽이 열리고 우르르 다리를 곧게 편 소리들이 쏟아져 나온다. 다시 벽 속으로 말끔한 자켓을 입은 소리들이 걸어 들어가고, 벽이 닫히자 향기롭고 미끈한 소리들이 벽 속으로 사라진다.

아래에서 위로, 위에서 아래로, 벽 속에서 벽이 종縱으로 이동하는 동안 웃는 소리 혹은 웅성거림이 벽 속에서 편집된다.

벽 너머에서 밤새 문서들과 커피를 마시고, 벽 너머에서 숫자와 기호들이 전쟁을 하고, 벽 너머에서 웅장한 문들이 사방으로 날아다니고, 벽과 벽 사이로 나타났다 사라지는 투명한 다리들.

벽 속에서 포인트가 쌓이고, 벽 속에서 세계 일주를 하고, 벽 속에서 너의 존재를 확인하고, 벽 속에서 너의 빨간 원피스를 상상하고, 벽 속에서 너에게 중독된 광고지가 쏟아져 나오고, 층층 계단이 사라진 그 벽 속, 엘리베이터 열리고 닫히고,

몽돌 밤바다

또르르 또르~록,
시인 청마가 뭍으로 떠난 뒤로
몽돌은 밤새 발을 구르네.
고향이 어디냐고 물으면
그 시인 한 번도 거제도라 말한 적 없다네.
그 시인 그 섬을 가족과 함께 떠난 뒤
들리는 후문으로는 쪽팔려서 섬이라 대답 못했다나.

그 시인이 떠난 밤바다가 대신
뒤척뒤척 밤마다 긴 시를 쓰고 있네.
어둠을 죄 깨물어 먹은 몽돌 밤바다가
동글동글 까맣고 조그만 시詩를 낳느라,
또르르 또르~록 밤새 속앓이를 하고 있네.

곡예사

그가 사랑한 것은 기기묘묘한 절벽이다.
한 발짝 다가설 때마다 다리가 풀리는 두려움,
곡예사로 살아남기 위해서는 견뎌내야 한다.

공을 굴리고 접시를 돌리고,
아득한 창공을 가로질러 외줄을 탄다.
추락할 듯 추락할 듯 춤추는 거미,
온몸에 경련이 인다. 춤을 멈추면 안 된다.
휘청, 일순간 아득하고 아찔한 허방이다.
추락, 분말이 된 시간이 하얗게 흩날리는 저 편,

환호성이 들린다, 박수갈채도 요란하다.
절벽 끝에 이르러서야 다시 팽팽히 당겨지는 외줄,
또 몇 번은 휘청거리겠지.
절벽 위에 목숨을 걸어 놓고 스스로 외줄이 되어간다.
그 외줄 위에서 다시 아침을 맞는다.

바람으로 흐르는 여주강

바람이 강이 되어 흐른다.
걷는 사람도 바람이 되었다가 강이 되고,
나무그늘도 바람이 되었다가 강이 된다.
고단한 보따리 풀어 놓으면
어머니처럼, 강은 푸른 이부자리 선선히 펴준다.

나룻배 두엇이 옛 풍경으로 놓여있고
물오리들 동동 떠다니고,
수목들의 웃음 와사사 쏟아지는
강은 바람의 정거장이 된다.

기약 없는 기다림도 바람이 되고, 강이 되고,
목숨 같은 그리움도 바람이 되고 강이 된다.
기우뚱대는 오늘도 바람이 되고, 강이 되고,
새벽안개조차도 바람이 되었다가 강이 된다.

여주 남한강에 오면
천 년 바람이 강물 되어 흐른다.

칡넝쿨 그늘 아래서

당신 사랑은 보랏빛 칡꽃입니다.
한 순간도 초라한 기색 없이
때때로 당신은 칡꽃처럼 내 앞에서 지고 있네요.
내 발 아래 지는 당신을 바라보며
여지껏 내가 당신을 섬겨온 거라 여겼네요.
어느날, 난 당신을 잃어버렸다고 울고 있는데
오늘 당신은
내 발 아래 보랏빛 숨결로 몸을 낮추셨어요.
볕이 따가운 유월
등나무 그늘 아래서 결심했어요.
내가 당신을 섬긴다는 말, 이젠 그만 하기로

오래 전부터 세간에선
당신을 떠받드느라 법석입니다만
당신은 오늘 내 발 아래로
무수히 지고 또 지는
숨겨진 사랑입니다.

묵언수행

—말 없음을, 하얀 날개를 단 G단조라 하자

발끝에서 느껴지는 축축한 말의 흔적, 발이 시리다. 눈을 감는다. 잘게 부서진 말의 이미지들이 허공에 흩어진다. 스스로 자른 말의 뿌리는 흩어진 이미지들을 쫓는다. 이미지들이 블랙홀 안으로 빠르게 빨려든다. 나풀거리던 말들을 어디에 감추었는지 바람도 모른다. 싸하게 말고 간 바람의 등 뒤로 말 없음이 G단조로 하얗게 쏟아져 내린다. 사방으로 흩어진 하얀 날개들이 꽃으로 날린다. 하얀 날개를 땅속 깊이 심고 눈을 감는다.

하얗게 얇아진 날개가 뿌리에 눕는다. 어둠을 베어 먹은 앙상한 뿌리를 호호 분다. 딱딱한 뿌리의 등뒤로 하얀 싹이 돋는다. 뿌리는 오랫동안 하얀 날개의 변주곡을 호호 빚는다. 어둠 속에서 농축된 G단조의 말이 하얀 날갯짓으로 날아오른다. 바람이 그 날개를 주워 오선지 위에 꾹꾹 눌러 담는다. 술렁술렁 초록춤이 대지 위에 파다하다.

생

낚싯줄 끝에 꺽지 한 마리
파르르 몸을 떤다.

속살 하얗게 드러날 때까지도
몸서리치는 생의 집착.

소주 한 잔에
안주 삼아 하얀 살점 씹어 삼키면,

내 몸 안에서도 놈은 여전히
파닥파닥 생의 강을 헤엄치고 있다.

| 제3부 |

섬강

섬강 · 1
—봉화산

청빛 칠월, 봉화산에 내려앉은 학이 길게 깃을 털면 그윽한 솔바람이 산길을 열어준다.

명아주꽃, 솔체꽃, 칡꽃과 눈빛을 나누고, 다람쥐, 산꿩, 산비둘기들의 이야기를 하염없이 들어주다가, 이슬, 바람, 산그림자, 그리고 달빛을 몰래 품어 내려오면 청산이 자꾸 발목을 잡는다.

섬강 · 2
—생존법

나서지 않는다. 아는 체 않기다. 흑백논리 분명히 해야 살 수 있는 이데오르기적 사는 법. 돈이 많은 척한다. 강한 척한다. 줄을 잘 서야 살 수 있는 권위적 사는 법. 외로운 내색은 하지 않는다. 힘든 내색도 하지 않는다. 적정선 거리는 항상 유지해야 살 수 있는 자기회피식 사는 법. 무시해 버린다. 관심 없이 산다. 덩달아 돌아버려야 살 수 있는 무개념식 사는 법. 비밀번호를 외워야 산다. 신체 나이도 줄여야 산다. 가치 없으면 버린다. 대놓고 죽여야 살 수 있는 사이버식 사는 법.

도박, 포르노, 자살 사이트는 나날이 성업 중이다. 옆집 학생이 자살 사이트에 자주 들어간다는 소문을 듣고 궁금증이 생기는 건 아직 죄가 아니다.

섬강 · 3
—그녀

섬강에 비가 뿌려요.

선조가 흘러가고 동인 류성룡 서인 송강도 흘러가고, 그녀의 낭창낭창한 가야금 소리도 흘러가고, 왕의 의심도 흘러가고 신하의 충정도 흘러가고, 사미인곡도 흘러가고, 그녀를 태운 나룻배도 흘러가고, 벼린 날처럼 심장을 파고드는 연정도 흘러가고, 서성서성 물이랑 일으키며 정치도 흘러가고, 우울한 산그림자도 흘러가고, 축축한 바람도 흘러가고,

물오리들 날아가고, 산비둘기도 날아가고,
바람은 미친개처럼 아무나 강간하려 하고,

지금은 안개처럼 비가 뿌려요.
잿빛 빗속에 유배 중이고요,
나룻배도 없는데 비를 맞고 있어요.
솨솨 하염없이 비를 맞고 있어요.

섬강 · 4
—위험한 유혹

그대를 위해 예쁘게 웃어 줄게요.
그리고 늘 그대 곁에 있어 줄게요.
당신, 귀찮아하지 말아요.
난, 물도 햇빛도 필요 없어요.
며칠이고, 몇 달이고,
못 본 척해도 화내지 않을게요.
늘 제 자리에서
그대만을 위해 웃어줄 수 있어요.
싫증나신다구요.
당신은 날 버리지 못해요.
내 빨간 미소에 그대는 이미
눈도 멀고 귀도 멀고 말았으니까요.

근데 어쩌죠? 전 조화造花예요.

섬강 · 5

—바람 많은 날

나무란 나무는 죄다 머리를 풀고
창이 울부짖는 소리에 잠이 깼다.
TV를 켠다.

특보,
노무현 전 대통령의 갑작스런 서거.
북한 핵실험 단행, 남태평양 방향 미사일 발사,
주식은 1,100선으로 추락,

바람이 소리를 내며 벽과 벽 사이를 휘젓고 다닌다.
탁자 위는 금세 바람이 몰고 온 먼지가 점령한다.
반쯤 열어둔 창을 닫는다.

덜덜덜 덜컹, 덜커덩 덜커덩,
늙은 창은 연신 둔탁한 비명소리를 낸다.
덧창까지 굳게 닫는다.
감금이다. 누가 봐도 합법적인,

섬강 · 6

—장미의 꽃살

네 가슴에도 구멍이 있구나.
네 밀실의 커튼을 내려다오.
담장이 높다한들 그녀 콧대 만하랴만,
붉은 커튼아 그녀를 포위하라.
그녀의 붉은 입술을 가져오라.
낭자하게 해체된 꽃살 향기에 미치고 싶다.

이제 지고 만다 해도 연하디연한 꽃으로 지리라.
담장 아래로, 혹은 길바닥 위에 지리라.
붉고 연한 내 꽃살을 보고 젊은 그대도 걸어온다.
비척비척 지친 그대도 걸어온다.
발이 큰 그대도, 작은 그대도, 내 꽃살을 밟고 걸어온다.
밟힌 꽃물이 담장 아래로 젖어든다.
밟힌 꽃물이 시멘트 바닥 위로 스민다.

때론, 꽃살도 바람에 날린다.

섬강 · 7

—설날 아침

자동차가 사라졌다.

인적도 끊겼다.

상가도 식당도 모두 문을 닫았다.

텅 빈 도시의 한 귀퉁이,

절간이다.

차~암, 조용타.

섬강 · 8

—첫눈

첫눈은 불시에 찾아오는 불륜이다.

첫눈 오는 날에 술집은 만원이고,
첫눈 오는 날에는 가출해도 무방해서,
눈이 슬픈 남자를 따라가도 되는 날이고,
첫눈 오는 날에는 어떤 꿈을 꾸어도 된다.

잡힐 듯하다가 끝내는 사라지는,
눈이 슬픈 남자를 쫒다가 길을 잃었다.
눈雪이 되어 승천한 눈이 슬픈 남자가
첫눈 오는 날 지상으로 돌아온다는데,
꽃잎처럼 눈을 날리며 돌아온다는데,

하얀 이파리들이 하얗게 길을 지워갈 때쯤,
눈이 슬픈 남자랑 눈이 되어 사라지는 꿈을 꾼다.

섬강 · 9

—변비

며칠 속을 끓이다가 화장실을 갔다.
빌어먹을, 이 허기증이 문제다.
건배하고 마음 나누다가 또 찔렸다.
심통 난 활자를 내보내려고,
달랬다 쥐어짰다 괜한 힘만 빼고는,
또 그냥 화장실을 나온다.

안다.
질겅질겅 아무리 씹어도
소화 안 되는 활자,
고. 독.

섬강 · 10
—활자의 꿈

누군가 먼저 가꾸어 놓은 숲에 들어섰다.
나의 숲도 가꿀 수 있으리라 하고
여러 해 민둥산에 부지런히 나무를 심었다.
그러나 숲은커녕 길도 내지 못했다.

다시는 꿈꾸지 말자,
말라 비틀어져가는 나무들을 뽑아냈다.
뽑혀진 나무들이 아우성이다.

다른 숲으로 다시 들어섰다.
그곳엔 새도 향기로웠다.
이리저리 오솔길도 신비로웠다.
흥미진진한 길을 따라 가다가,
천 갈래 만 갈래 갈림길에 이르렀다.

아뿔싸!
길 위에서 또 길을 잃는다.

섬강 · 11

—어머니의 달력

칠순을 넘기신 어머니 앓으신 후부터
오늘이 며칠인지, 교회 가는 날은 언제인지,
도통 기억을 못해 생각해 내신 묘안이
하루가 지날 때마다
달력의 날짜를 까맣게 지우시는 일.

어머니의 달력은 당신 사신 만큼
날수가 까맣게 지워져가고 있다.
날짜를 지워가며
사는 날보다 갈 날을 챙기시는 어머니.

하루씩 이승의 옷을 벗으며 오늘도
다음 세상으로 건너갈 까만 징검다리 돌을
따 · 문 · 따 · 문 · 달력 위에 놓으신다.

섬강 · 12

—사표 쓰고 싶다

학교에서 돌아오면 노는 것이 먼저다.
과제물 다운 받는다더니 채팅하느라 정신이 없고,
점수 꼭 올린다며 도서관으로 간다더니
어느새 만화방에 앉아 시간 가는 줄 모른다.
참다 참다 매를 들고 만다.

꾸짖다가,
달래다가,

대책 없는 어미 노릇
사표, 어디에 내나요.

섬강 · 13

—매미, 이천오백오십오일

어둠과 침묵뿐이다.
묘하게도 내 등살은
그림자처럼 하얗게 꿈틀거린다.
하얀 등살에 고인 어둠의 먹물을
쉼 없이 짜내던
이천오백오십오일
거대한 힘에 정신을 잃는 순간에도
똑똑히 보았어.
영혼을 투영한 빛의 천지
날갯짓 마냥 자유로운 나.

섬강 · 14

—당신은

당신 없이 살 수 없다는 고백은
하루, 이틀, 사흘 잊혀져가고
거듭거듭 건져 올리는 빈 그물마저
바다가 한꺼번에 삼키던 날
당신은 참 낯이 익습니다.

알 것도 같습니다.
한 번도 내게서 눈길 뗀 적 없었지요.
눈 돌릴 여유도 없었을 겁니다.
한 사람만을 향한 당신 사랑은
눈 먼 사랑입니다.

섬강 · 15

—산다는 건

한 차례 소나기 쏟아 부은 하늘
기대하며 사는 거야.
바람으로 구름으로
가뿐하게 사는 법 배우는 거지.

산다는 건
언제 떠나도 마음 아프지 않도록
홀가분하게 비우는 거야.
채우지 마.

섬강 · 16

—산을 오르는 이유

말 비우러
산을 오른다.

거기 시시만큼 교통하는
무언無言의 질서.

이제사 말 배우러
산을 오른다.

섬강 · 17

—대화지 강가에서

한여름 이맘때면 몰려드는 인적들 물리고
산그림자 베고 길게 누웠지.
어슴어슴 땅거미 내려앉으면 잿빛 두루미, 물오리, 백로,
지친 날개 시원하게 품어주었지.
억수 같은 빗줄기에도 억새랑 버들가지로
날치, 퉁바리의 보금자리가 되어 주었지.

대대로 붙여오던 밭뙈기 놀리면 죄 된다 하시며,
이슬 헤치고 나가셨다가 돌아오실 땐 어느새 별이 총총,
논바닥 갈라지는 가뭄에도 진땀으로 젖은 저녁.
자식들 앞에선 어머니 언제나 대화강이 흐르셨어.

섬강 · 18

—질항아리

허름한 마당 한 구석, 불룩한 체구에 거무칙칙한 모양 누구에게도 호감을 얻지 못했던 거야. 뒷산 까치들 아침 인사 듣는 일이 고작이었지. 그러던 어느 날 덩치 크고 볼품없는 나는 빈집 뒷마당에 버려지고 말았지. 그 해 겨울 마을엔 집집마다 김장 담그느라 야단들이었어. 하루는 작은 아들집에 바람 쐬러 나오신 그 댁 노모, 성큼 다가오더니 내 등의 먼지를 깨끗이 닦아내고는 잘 버무린 포기김치를 차곡차곡 채워 넣고는 앞마당에 깊이 묻는 거야. 몇 달이 지났을까. 김치 포기를 꺼낼 때마다 이 맛이야! 이 맛! 젊은 주인의 탄성을 들을 때마다 살맛이 나. 클릭 한 번 할 때마다 새로운 어플들이 쏟아져 나왔다가 사라지고 내 불룩한 체구 위로 아직 열어 보지 못한 소식들이 먼지가 되어 쌓여가겠지. 투박하고 고집스럽다고 놀리지 말아 줘. 그러는 동안 느리게 느리게 깊은 맛을 우려내고 있을 거야.

섬강 · 19

—여주강을 바라보며

신륵사 경내에 불경이 흐른다.
쉬어가라, 안반석이 자리를 내어준다.
은빛 밀어를 속으로만 끌어안는
만수의 강이 밀어닥친다.

오만 정으로 맞닿을 곳이 있다면
죽어도 후회 없을 중년의 강으로 흐르리라.
석양을 무참하게 삼킨 여주강은
제 깊이의 비밀을 품고 천연덕스럽게 흐른다.

섬강 · 20

—목련

당신의 온기가 느껴지는 날입니다.
촉수마다 피워 올리는 하얀 기다림이
길목마다 은은한 천만송이 등화燈火를 밝힙니다.

섬강 · 21
—자격증 시대

세상 힘차게 살아보려고 자격증을 두드렸다. 얻는 순간 희열이 열쇠가 되어 굳게 닫혔던 문들이 하나씩 열렸으나, 세상은 내게 그 문만큼의 영역을 간신히 내주었을 뿐 여전히 나는 맨발이다.

세상이 나를 다시 빚어내고,
그런 나를 다시 만나면,
내가 나에게 줄 아름다운 자격증
이것 하나 얻는 날은 언제일까.

섬강 · 22

—장미에게 가시는

가시마다 황홀한 꽃망울
한동안 그것이 내 모든 것인 줄 알았습니다.

내 몸에 인정하기 힘든 그 무엇이
밤마다 내 몸에서 가시로 자라고
가시에 찔려 밤마다 아픔도 깊어갔지요.

꽃잎 다 지고 흉한 가시만 드러나면
그제야 알게 되지요.
가시로 인해 나 다시 꽃으로 피어나는 것을요.

| 제4부 |

고향 아리랑

섬강 · 23
—사랑

그것을 잃으면

살아있어도 죽은 거다.

죽음의 문턱을 넘어서라도 선택할 것이라면

그 하나로 완전한 우주인 거다.

내 안에도 그 우주가 있다.

섬강 · 24

—여름바다와 사람들

여름밤 달궈진 석쇠 위의 조개
탁 타다닥, 삶이 타들어가는 소리다.
자꾸 비껴가는 어제의 꿈을 헤집어 보며
비워낸 이들의 잔에 다시 채워지는 비린내.

이따금씩 여름바다도 몸을 울컥이며 손을 내민다.
이대로 주저앉자고 그러다가 다시 또 일어나자고,
출렁이는 제 속 못이겨 공연히 모래밭에 곤두박질하더니,
벼랑바위 끝까지 기어올라가 존재의 흔적을 남긴다.

여름바다와 사람은 닮았다.

섬강 · 25

—풀 한 포기

푸른 계절이 가고 있다.
포도鋪道 위 한 포기 풀도 그냥 사는 것이 아니다.

어둠에 쏘일 때마다 포기할 수 없는 시간들이
소슬바람에도 파르르 몸을 떤다.
일어나야 한다, 푸른 몸으로 다시 일어나야 한다.

풀 한 포기도 그렇게 사는 거다.
그런 너를 보고 있는
눈이 아리다.

섬강 · 26

—아파트

살아남기 위해 가슴에 콘크리트 벽을 치고 하나둘 빠져나가면 넌 네모난 눈만 남아. 도시만 바라보며 어둠이 차츰 짙어가면 하나둘 네 몸에서 어머니 품처럼 따스한 네모난 불이 켜져.

지친 마음 안고 돌아오면 푸근하게 맞아주는 네가 있어 또 내일을 꿈꾸며 사는 거지. 그런 네게 밤이 깊어갈수록 선명해지는 기다림 하나 있어. 도심 속에 빼앗긴 자식 밤마다 기다리다가 제 몸 굳혀 어미가 된 네모난 품.

불 켜진 네모 집에 네모 눈이 밤새 외롭다.

섬강 · 27
—공존

내가 산이고 내가 강인가,
강에 산이 들어차고 산으로 강이 흐르니,
널더러 산이라 하랴.
날더러 또한 강이라 하랴.
너의 깊음이 바다보다 못하며,
나의 높음이 백두보다 못해도,
우리 하나 되면
수면 위로 솟구쳐 오르는 생生이 탄생하는 거야.

섬강 · 28

—쉼표 하나

헉헉대며 내달린 나의 어제,
요즘은 자주 들여다보게 돼.
알고 보면 이런저런 아픔, 이런저런 허물,
다들 하나씩은 안고 살겠지.
모자라는 대로,
아픈 대로,
다 그렇게 사는 거지.
쉼표 하나 찍어 본다,
내 나이 앞에.

섬강 · 29

—낙엽을 밟으며

우수수 날이 진다.
지는 낙엽을 따라 조문弔問하듯 걷는다.
지금껏 산 것에 대한,
오늘을 살아야 하는 것에 대한,
또 내일을 위해 살아야 하는 것에 대한,
물음표를 던지며,
가볍게 떠난 너와
살아갈수록 무거워지는 나를 생각하며,
나의 마지막 날도 여기 누운 낙엽처럼
누군가에겐 잠언이 될 수 있을까.
곰곰히 낙엽을 읽는다.

섬강 · 30

—어머니의 칠순

모래바람 이는 잿길, 몇 번이고 무너져 내렸지요.
당신께서 걸어오신 칠순의 길입니다.

남편 먼저 보내고 자식들 제 길 찾아 떠나고,
당신은 늘 혼자 걸었습니다.

꽃처럼 고운 날 있었건만
마른 솔가지 같은 허리 굽히시고
흩어진 자식들 위해 새벽기도로 이 길 여셨지요.

엄만 왜 그렇게 사느냐,
가시처럼 내뱉던 철없는 딸이 있었지요.
이젠 누구의 엄마가 되어 오늘
당신의 거친 손만 매만집니다.

참 곱습니다.
내 젊음보다 더.

섬강 · 31

—노송老松·1

구백칠십여섯 번의 외침外侵을 견뎌왔으므로
곧은 가지 하나 없다 해도
가련하지 않다.

제멋대로 휘어진 가지를 가졌으나
어디에도 무질서는 없다.

세월의 무게로 뒤틀렸으나
비굴함은 더욱 없다.

분주한 일상 잠시 내려놓고
노송에 기대어 솔잎 강의 듣는다.

섬강 · 32

—노송老松·2

이 땅 뿌리로 힘껏 붙들고 서서
한 치도 물러서지 않았던 너로 인해
지금 우리가 여기 있는 거야.

네 연조年條의 씨줄 같은 솔잎 하나
살짝 떼어 곱씹어 보면
혀끝으로 퍼지는 쌉쌀한 맛
달갑지 않아 하는 내게 그랬지.

흰 세월로 몇 백 년을 살아도
늙지는 않았다고.

옹이 앉은 세월에도 푸른 내 의기義氣만은
꺾이지 않았다고.

섬강 · 33

—야간 주행

저만치 마주 오는 자동차 라이트
그 빛은 늘 나를 어지럽게 하지.
그 빛은 어둠보다 더한 어둠이야.
빛을 내 뿜는 어둠
그 어둠 속에서
난 그보다 더 큰 어둠이기로 했어.

섬강 · 34

—섬

어떤 섬이 있었지.
그 섬엔 파도가 늘 노닐다가 돌아가곤 했어.
바다로 돌아가는 파도를
그 섬은 한 번도 잡아 본 적이 없었지.
파도 역시 바다로 돌아갔다가 다시 찾아오곤 했어.
그것은 억만 년 되풀이되는 이별, 억만 년의 인연이었지.

억만 년의 이별, 억만 년의 기다림은
하루에도 수백, 수천 번 따가운 물침 세우고
시간의 딱딱한 살결에 박혀 있다가
이내 포말로 젖어 내리지.

포말로 각인 된 인연 하나 가슴에 묻어 둔 채
그 섬은 바다만 바라보며 살지.

섬강 · 35
—잊을 수 있다면

빌어먹을 건망증처럼 내 속에
켜켜이 쌓인 시간들을 버리고 있나요.

비 그치면 잃어버리는 우산처럼
걸핏하면 사소하게 잊어버리는 당신,

비만 오면 관절염처럼 쑤셔오는데
건망증일까요, 해프닝일까요.

섬강 · 36

—불면

공연히 TV 채널만 돌려보다 새벽녘에야 잠을 청한다.

창밖에선 가을 빗소리 노크도 없이 저벅저벅 걸어 들어오더니 내 침상에 나란히 눕는다.

잠을 청한다. 잡으려 애태운 만큼 저만치 달아나는 잠은 내게 있어서 언제나 짝사랑이다.

미래에 대한,

자식들에 대한,

일에 대한,

그리고 그 사람에 대한,

퍼즐조각처럼 흩어진 생각들을 쫓다 빗소리에 밤은 젖어 들고 오늘도 난 불면과 동침하고 만다.

섬강 · 37

—어느 만학도의 일기

연일 신문, TV에선 학벌 위조한 연예인 이름들이 거론되고 있다. 나도 그러고 싶었다. 제대로 대우 받고 인정 받고 싶었기에.

여자가 공부해서 뭐 하냐시던 아버지가 원망스러워 어린 나이에 독립했다. 낮엔 일하고 밤에 공부해서 대학과정까지 마쳤고 취직도 했다.

승진도 급여도 터무니없다. 여자라는 조건 땜에, 또 공부를 했다. 남자 동료들의 학력 경력을 취득하기 위해 낮에 일하고 밤엔 학교로 가사일 직장일 공부하는 일, 일, 일, 또 일,

그래도 공부는 포기 할 수 없었다.

결혼을 했다. 멋지게 살기 위해, 그러나 오산이었다.

결혼한 여자는 돈도 잘 벌어야 하고 집안 살림도 잘 해야 하고 아이도 잘 키워야 한다고 결혼한 그 남자는 늘 그랬다.

그래서 그 남자로부터 또 독립을 했다.

그래도 공부는 포기할 수 없었다.

남자동료들이 취득한 자격증과 학위 그걸 취득하기 위해 전쟁처럼 살았다. 약간의 승진이 있었다. 그래도 급여는 별 차이가 없었다. 오십대 상관이 늘 그러신다. 여자가 출세해서 뭐 하냐고 여자들 너무 설쳐서 나라 망한다고.

조만간 여기 상관에게 보여줄 참이다. 여자가 설쳐서 안 되는 일이 없다는 걸.

그래서 또 공부를 한다.

고향 아리랑

딸이 온 기척에 뒤뚱뒤뚱 어릴 적 그림 일기장에서 걸어 나오시는 울 엄니, 등 뒤로 가을이면 빨간 고추 물물이 따다 말리던 슬레이트 지붕은 일흔 넘긴 엄니 세월 닮아 손만 대면 아삭아삭 뼈 삭는 소리를 내는구나.

청솔연기 아련히 피어오르던 뒤란 굴뚝, 거미줄에 걸린 낡은 추억 읽으며 허허로운 시간 버티고 있네. 추수 때가 되면 땅콩, 수수, 검은콩, 서숙, 기장,

용케도 알곡만 골라 주던 풍구대. 화려한 네 이력이 이젠 뒤란 밖으로 잊혀져가는구나.

속 태우지 말아라. 슬퍼도 말아라. 오면 가고 가면 다시 오는 것이 세월이라며 속 깊이 안아주던 내 고향, 오늘은 그댈 향해 잔을 올리리.

겨울나무

말없이 결로 서는 계절 묵언수행 중이다.
발끝에서 느껴지는 축축한 말의 흔적 발이 시리다.
묵언수행 중엔 동정도 연민도 금물이다.
바람이 자꾸만 시린 손끝으로 말을 걸어온다.
푸른 말들을 좀 꺼내 보라 한다.
몸이 잠시 흔들릴 뿐 그는 좀체 말이 없다.
바람이 떠나간 후 다시 땅속 깊이 고독을 심는다.

허연 눈바람이 휘휘 후려치고 적막이 덮치면,
춥다. 외롭다. 무섭다. 끝이다.
검은 바람에게 몇 번이고 머리채를 낚아 채이고,
윙윙 혹독한 밤을 견디고서야
사리 같은 나이테 한 줄 얻어내는,

겨우내 그 단단한 언어들이 우뚝, 하늘을 받치고 있다.

가을이 지는 공원에서

가을행사가 있다기에 공원에 나가 보았어요. 예약된 이별을 앞둔 가을나무들, 낱낱이 번진 붉은 빛 진통을 안고, 결별을 위한 마지막 패션쇼가 한창이네요. 조명처럼 노을이 지고 바람 속으로 사라질 나무들의 마른 이야기를 듣겠죠. 바람 끝으로 차단한 수액의 길을 따라 내려가, 나무 밑둥치까지 내려가, 수 만 장의 아픔, 수 만 장의 고독이 다 삭혀질 때까지, 율법에 따라 시간도 침묵하겠죠. 해마다 죽어서 해마다 부활하는 가을나무들. 보아요! 울긋불긋 성의聖衣 흩날리며 가을 속으로 사라지는 나무들의 엄숙한 가을 의식을.

청평호 벚꽃축제

벚꽃 탄성 가득한 청평호로 단숨에 달려와
여기서만 존재하는 시간 속으로 홀린 듯 걸어 들어간다.

바람이 인다.
달큰한 꽃바람이 인다.
호흡마다 꽃잎으로 쏟아지는 그 비밀한 생의 절정
한 순간
온 천지는 꽃이 되고
온종일 옷섶에 꽃물 들인 네게
나를 놓아 버렸다.

눈을 떠도 감아도
너로 아득한 이런 날엔
꽃잎처럼 네게 포개어
훠~얼
훠~얼
창공을 나른다.

아버지의 논두렁

어린모가 새 뿌리를 내리고
물바람이 흙살처럼 감겨오는 내 고향 무논

어스름이 바지자락에 젖어들고
허물어진 논두렁 보수하느라 몇 번이고 허리 펴시면
고단한 당신 다리 쓸어주던 살가운 논물

아카시아향 오월바람이 당신 땀 씻어주고
구름 속에서 숨바꼭질하던 달이 뜨면
그 달과 함께 집으로 돌아오던 유년의 논두렁

사람 손 아니고도 모는 심겨지고
트랙터 지나다니는 논두렁에 서면
염치없이 울 아버지 삽 소리가 그립다.

억새꽃

부러지는 한이 있어도 살아있는 동안은 빳빳이 몸을 세우자. 긴 잎사귀마다 억센 날도 세워야 해.

풀의 꿈은 그랬다. 투쟁해야만 얻을 수 있는, 꿈을 품은 날로부터 얻게 되는 병病. 풀에게 꿈은 병病이다. 고단한 빛으로 하루하루 야위어가도 몸서리치도록 가라앉은 정적 위로 달빛이 쏟아지면 전설처럼 꽃대가 피어올라 풀이 꽃이 되는, 보푸라기처럼 일어났던 너의 병病이 기어이 꽃이 되는, 면류관 같은 꽃이 되는,

바람이 한 번 출렁일 때마다 꽃술에 달빛 찍어 그려내던 너의 이력들을 오늘은 갈바람이 다가와 시詩로 읽는다

|해설|

반란을 꿈꾸는 여성성의 향연

—권섬의 시세계

진순애 | 문학평론가

1. 보편이면서도 역사적인 여성성

여성성은 대지의 여신인 가이아가 시사하듯 생명성의 근원으로 보편적 명제에 속한다. 그러므로 보편으로서 여성성은 역사적인 여성성의 명제를 초월한다. 그럼에도 보편으로서 여성성 또한 여성성의 하나라는 점에서 역사적인 여성성의 범주에서 예외가 될 수 없다. 보다는 '없었다'고 하는 것이 더 타당하다. 그것은 여성성이 역사적으로 '길들여져왔다'는 점에서 그러하다. 선으로서 여성성과 악으로서 여성성이라는 이분법은 역사가 만들어낸 남성주의 틀에 갇힌 여성성인 까닭에 그러하며, 문명으로서 선과 미개한 자연으로서 악이라는 이분법 또한 남성주의 내지는 이성주의 틀이 자아낸 역사적 구획이란 점에서 보편성은 역사성과 무관할 수 없다.

페미니즘의 역사적 흐름에서 확인하듯이 남성주의 시각으로 보자면 현대는 불온한 여성성의 시대이다. 불온한 여성성의 시대는 이분법의 여성성에 안주할 수 없는 혹은 안주하게 하지 않는 시대성을 특징으로 한다. 진화한 문명의 역사가 가져온 여성성의 반란이 현대성의 한 장을 차지하고 있는 것이다. 진화한 문명의 역사에 발맞추듯 권 섬의 시적 발현도 동시대적 명제에 참여한다. 권 섬은 단지 여성으로서의 시쓰기라는 위상에 국한하지 않는다. 때문에 보편성에 안주하지 않고 동시대성의 위상 속에서 여성성의 모티프들을 반란의 불온성으로 직조한다.

거기에는 꽃의 향연이 우선한다. 꽃의 향연에서 강의 향연, 대지의 향연 그리고 달, 숲 등 권 섬 시의 여성성은 근원적인 것에서 끌어올려진다. 이와 같은 여성성의 모티프들이 단지 보편의 여성성을 발현하기 위한 상징적 모티프들만이 아니라는 데 권 섬 시에 내재한 독자성이 있다. 그것은 반란을 꿈꾸는 은유의 여성성에 동승하는 보편성이다. 보편으로서 여성성과 역사적 여성성이 상징적이라면 반란을 꿈꾸는 여성성은 은유적이다. 상징과 은유를 오가며 그리고 환유의 동시대성 또한 아우르는 권 섬의 시쓰기가 여성성의 향연을 연출하고 있다.

2. 꽃의 향연

지금 꽃을 보고 있어. 그 꽃 역시 날 보고 있어. 바람이 어깨에서

> 그네를 내리면 꽃은 팔랑팔랑 그네를 타고 언덕에 올라. 언덕에서 굴렁쇠를 타고 놀다가 달을 따러 가기도 해. 아이들이 남겨놓은 웃음소리로 허기를 채우고는 그네에 올라 앉아 낮잠을 자. 잠에서 깨어나면 빨간 태양이 입혀준 원피스를 입고 달팽이관 피리를 불어. 그 피리소리에 애벌레의 등에선 달콤한 깃털이 자라나곤 해. 지금도 그 꽃을 보고 있어. 길고 부드러운 부리를 가진 새들은 그 꽃물을 길어와 투명한 둥지를 그리고 있어. 뚝뚝 꽃의 진통이 지는 아슴프레한 저녁, 둥지 안에서 초롱초롱한 달이 깨어났어. 그 달은 그 꽃이 왔다가 간 흔적을 쫓아 구름사다리를 하늘의 뜰에 비스듬히 세워 놓았어. 다음날 그 다음날에도 그 꽃을 들여다보고 있어. 그 꽃은, 먼 하늘 그 너머에서 꽃잎 출렁이는 바다를 상상하며 다시 꿈을 꾸고 있어.
>
> —「꽃의 또 다른 출구」 전문

꽃으로 상징되는 화자는 찾아야 하는 출구를 위해 바람, 달, 태양, 새, 하늘, 바다와 같은 근원적인 세계를 유영한다. 꽃과 바람, 꽃과 달, 꽃과 태양, 꽃과 새, 꽃과 하늘, 꽃과 바다처럼 꽃은 독자적이기보다는 상징의 세계를 매개삼아 출구를 찾는다. 그것은 출구를 찾기 위한 반란의 유영이란 점에서 은유의 유영일 수도 있고 근원적인 세계와 융합하기 위한 상징의 유영일 수도 있다. 꽃과 하늘 사이에 구름사다리를 놓아주는 달을 매개삼아, 달뿐만 아니라 바람, 새, 태양 등을 매개삼아 하늘이나 바다나 양자 중에 어느 쪽으로든, 반란이든 융합이든 출구를 찾아다닌다.

오래된 명제일지라도 꽃은 출구를 찾을 수 없다. 아니 찾아서는 안 된다. 꽃에게 출구 찾는 일이 허용되지 않은 까닭이다. 그럼에도 '출구'를, 그것도 '또 다른 출구'조차 찾는다는 것은 반란이다. 허용되지 않는 일을 행하는 것은 반란이다. 반란은 진화를 동반하나 반란이 내재된 진화란 불온하다. 반란 없는 진화가 불가할지라도 진화하는 역사는 불온성의 반란을 주춧돌 삼는다. "바람이 어깨에서 그네를 내리면 꽃은 팔랑팔랑 그네를 타고 언덕에 올라. 언덕에서 굴렁쇠를 타고 놀다가 달을 따러 가기도 한다"는 꽃은 단지 출구 '찾는 의식적 행위' 그 자체에만 매달리지 않는다.

조심해, 긴장 풀고. 저길 봐. 수면 위로 거꾸로 서서 자라는 모텔촌은 언제 봐도 매혹적이야. 신기하지. 붉고 푸른 꽃이 사시사철 피어나니, 꽃에게 색이란 무슨 의미겠어. 꽃이면 그만이지.

머리가 뜨거워진 오리들이 떼를 지어 밤마실을 나선다. 남한강 위에 느슨하게 출렁이는 꽃의 수문 속으로 오리 떼가 꼬리를 흔들며 사라진다.

어질한 창은 점점 휘어지고 꽃에서 꽃, 꽃 속의 꽃, 꽃의 출구에 달이 떠오른다. 물비늘로 피는 꽃의 몸 밑바닥에 달콤한 날개를 새겨 넣는다. 믿어 봐. 축축하게 젖은 바람이 어둠을 툴툴 털고는 속삭인다. 믿어 보라니까. 깊은 여울 속으로 야들야들한 꽃의 날개가 까무룩 떨어진다.

> 출구 없는 모텔촌은 밤새 어질어질 피어나고 온통 물비린내를 뒤집어 쓴 물오리는 꼬물꼬물 꽃그림자를 쪼아댄다. 북적북적 오리집엔 젖은 모텔촌이 통째로 구워지고, 식탁 위엔 조각조각 썰려 나온 남한강의 아랫도리. 한 철 허기를 너끈히 채워줄 상냥한 여름밤의 만찬이다.
>
> —「앞으로도 죽, 내게 거짓말을 해 줘」 전문

'붉고 푸른 꽃이 사시사철 피어나는 모텔촌의 꽃'은 악으로서 여성성인가 선으로서 여성성인가. '출구 없는 모텔촌이 밤새 어질어질 피어나고 온통 물비린내를 뒤집어 쓴 물오리가 꼬물꼬물 꽃그림자를 쪼아대는' 풍경은 어둡다. 어두운 뒷골목을 은유하는 '출구 없는 모텔촌'의 꽃은 '출구 찾는 꽃'과는 다르다. 그러므로 역사성에 준해서 악으로서 여성성에 편입되어야 할 것이다. 그러나 남성주의 틀에서 보자면 '출구 찾는 반란의 여성성' 또한 '모텔촌의 꽃'처럼 악으로서 여성성과 같은 범주일 수 있다. 반란이라는 악이다. 그러므로 양자는 동일하다.

'수면 위로 거꾸로 서서 자라는 모텔촌이 언제 봐도 매혹적'이라는, '꽃의 수문 속으로 오리 떼가 꼬리를 흔들며 사라진다'는, 그리고 '꽃 속의 꽃, 그 꽃의 출구에 달이 떠오른다'는 '출구 없는 모텔촌의 꽃'도 '출구 찾는 꽃'과 다르지 않다. 비록 악의 여성성에 편입된 모텔촌의 꽃일지라도 모텔촌의 출구 없는 꽃도 바다를, 태양을, 하늘을 꿈꾸지 않는다고 볼 수 없다. 그러므로 반란을 꿈꾸는 꽃이나 모텔촌의 꽃이나 남성주의 틀 속에서는 악의 여성성으로 동일하다. 때문에 '수면 위로 거꾸로 서서 자라는 모텔촌이 언제 봐도 매혹적'이라는 말은 거짓말이기도 하고 아니기도 하다. 중의적인 매혹이다. 현상적으로는 거짓말일지나 궁극적으로는 출구를 찾아가는 매혹적인 꿈꾸기가 내재되었기를 염원하는 중의성이다.

> 빙그르르 물방울이 돌다 꽃을 낳는다. 꽃에 날아든 벌은 씨방에서 잉잉 시이소를 탄다. 지나가던 바람은 공연한 심술을 부린다. 꽃이 진다. 바람은 허공에 지나온 꽃의 흔적을 저장한다.
>
> 끊임없이 꽃은 새로운 매뉴얼로 출시되고, 새로운 매뉴얼에 따라 꽃은 진화를 거듭한다. 더 이상 벌은 날아들지 않는다. 물방울도 필요 없다. 여전히 꽃은 화려하다. 향기가 삭제된 꽃잎은 매뉴얼에 따라 열렸다 닫혔다 꽃잎은 지지 않는다. 매뉴얼을 찾지 못한 벌은 공연히 씨방 위를 배회한다.
>
> 투명 막 위 초속으로 풍경화가 바뀐다. 왕성한 혈관을 만든 꽃길은 씨방을 내보이며 빠르게 풍경화 속으로 빨려든다. 풍경화 속 꽃은 아직 유통 중이다.
>
> —「차용된 존재의 혼돈 · 2—시이소를 타는 벌을 본 적 있니」 전문

차용된 존재로서의 꽃이란 혼돈의 꽃, 곧 상징의 꽃도 은유의 꽃도 아닌 환유의 꽃이다. 상징의 꽃에서도 은유의 꽃에서도 일탈하여 차용된 꽃이 처한 상황조차 아우르는, 곧 혼돈의 상황과 인접한 환유의 꽃이다. 그렇다면 차용된 꽃은 어떠한

꽃인가. "끊임없이 꽃은 새로운 매뉴얼로 출시되고, 새로운 매뉴얼에 따라 꽃은 진화를 거듭한다. 더 이상 벌은 날아들지 않는다. 물방울도 필요 없다. 여전히 꽃은 화려하다. 향기가 삭제된 꽃잎은 매뉴얼에 따라 열렸다 닫혔다 꽃잎은 지지 않는다. 매뉴얼을 찾지 못한 벌은 공연히 씨방 위를 배회한다." 그러므로 이때의 꽃은 꽃이면서도 꽃이 아니다.

차용된 꽃이 혼돈의 상황과 환유의 관계에 있는 현상은 더 이상 역사적인 여성성도 보편으로서 여성성도 그리고 반란의 여성성도 매개하지 않는다. 진화를 거듭하여 탄생한 디지털의 꽃은 생사의 꽃을 일탈한다. 디지털이 낳은 혼돈의 동시대성과 환유로써 관계 맺는 꽃은 꽃이 아닌 꽃이다. 자연의 순리 속에서 생사를 거듭하는 꽃이 아니라 투명 막 위에서 매뉴얼에 따라 출시되고 매뉴얼에 따라 진화한 디지털의 꽃에 대한 권 섬의 지적 뒤에서 선의 여성성과 악의 여성성이라는 이분법적 인식조차 무화한 동시대성을 읽는다. 그것이 바람직하든 아니든 진화한 문명의 결과는 이원적으로 양분된 여성성조차 초월하게 한다. 때문에 '매뉴얼을 찾지 못한 벌은 공연히 씨방 위를 배회'할 뿐이고, '풍경화 속의 꽃은 소멸할 까닭이 없으므로 여전히 혹은 언제까지나 불멸의 상태로 유통' 중일 수 있다.

3. 강의 향연

섬강에 비가 뿌려요.//선조가 흘러가고 동인 류성룡 서인 송강도 흘러가고, 그녀의 낭창낭창한 가야금 소리도 흘러가고, 왕의 의심도 흘러가고 신하의 충정도 흘러가고, 사미인곡도 흘러가고, 그녀를 태운 나룻배도 흘러가고, 벼린 날처럼 심장을 파고드는 연정도 흘러가고, 서성서성 물이랑 일으키며 정치도 흘러가고, 우울한 산그림자도 흘러가고, 축축한 바람도 흘러가고,//물오리들 날아가고, 산비둘기도 날아가고,/바람은 미친개처럼 아무나 강간하려 하고,//지금은 안개처럼 비가 뿌려요./잿빛 빗속에 유배 중이고요,/나룻배도 없는데 비를 맞고 있어요./솨솨 하염없이 비를 맞고 있어요.

—「섬강 · 3-그녀」

섬강은 상징의 강이자 권 섬을 은유하는 동음이의어이다. 강물은 시간의 상징물이자 흙과 마찬가지로 대지의 생명력을 상징하며 보편의 여성성을 매개한다. 그러나 '비가 뿌리는 강 혹은 섬강'은 물의 보편성을 상징하기보다는 비로 인해서 '섬강의 평화가 훼방 받거나 폭력을 당한다'는 역사적 상징의 강이다. 강물이 수평성을 상징한다면 비는 수직적으로 수평적인 강물을 방해하는 매개체이다. 이때 비에 의해서 우울해진 강물은 보편성을 넘어서 역사적 이미지, 그러니까 '선조, 동인인 류성룡, 서인인 송강' 등 사색당파가 겪었던 정치를 비롯하여 '기생이 연주하는 가야금 소리, 왕의 의심, 신하의 충정' 등 강물처럼 흘러가버린 조선의 역사를 상징하는데 이른다. 역사 속에 묻힌 왕조의 비애를 비 내리는 섬강의 우울한 이미지가 말하고 있다. 때문에 섬강은 강의 보편성보다는 역사적 이미지를 보다 많이 함유함으로써 중의적이다.

그러면서도 "우울한 산그림자도 흘러가고, 축축한 바람도 흘러가고,//물오리들 날아가고, 산비둘기도 날아가고,/바람은 미친개처럼 아무나 강간하려 하고,//지금은 안개처럼 비가 뿌려요./잿빛 빗속에 유배 중이고요,/나룻배도 없는데 비를 맞고 있어요./솨솨 하염없이 비를 맞고 있어요."에 이르러서는 권 섬의 자화상, 곧 반란의 꿈이 내재된 자화상을 은유하기에 이른다. 비록 '안개처럼 뿌리는 비, 그리고 나룻배도 없는데 잿빛 빗속에서 하염없이 비를 맞고' 있는 그 반란의 태도가 자학적일지라도 그 자학 속에 반란의 꿈꾸기가 부재하다고 할 수 없다.

> 바람이 강이 되어 흐른다./걷는 사람도 바람이 되었다가 강이 되고,/나무그늘도 바람이 되었다가 강이 된다./고단한 보따리 풀어 놓으면/어머니처럼, 강은 푸른 이부자리 선선히 펴준다.//나룻배 두엇이 옛 풍경으로 놓여있고/물오리들 동동 떠다니고,/수목들의 웃음 와사사 쏟아지는/강은 바람의 정거장이 된다.//기약 없는 기다림도 바람이 되고, 강이 되고,/목숨 같은 그리움도 바람이 되고 강이 된다./기우뚱대는 오늘도 바람이 되고, 강이 되고,/새벽안개조차도 바람이 되었다가 강이 된다.//여주 남한강에 오면/천 년 바람이 강물 되어 흐른다.
>
> —「바람으로 흐르는 여주강」 전문

'여주 남한강이 천 년 바람이 강물 되어' 흐르는 강이라면, 여주강은 역사의 강인가 자연의 강인가. 자연의 바람과 강이 지속적으로 융합의 상태에서 정지될 수는 없다. 바람이 강물을 흔들어 놓는 매개일 때만 둘은 하나가 된다. 이외에도 역사성을 상징하는 바람과 강일 때 또한 둘은 하나가 된다. 피바람의 정치적 시간대가 강물이 흐르듯 지나가고 없는 한때라고 양자가 역사성을 상징할 때에 바람과 강은 하나가 되는 것이다. 그러나 여주강은 과거의 강이자 역사적인 강이므로 반란의 여성성이 내재하지 않는다.

시의 포인트는 바람뿐만 아니라 '걷는 사람도 나무그늘도 기다림도 그리움도 오늘도 새벽안개도 강이 된다'는 데 있다. 그런데 '걷는 사람, 나무그늘, 기다림, 그리움, 오늘, 새벽안개' 등이 강과 융합하는 데 이르기 위해서는 우선 '바람이 되어야' 한다는 데서 이들은 강과 바람만의 관계망으로 특화된다. '고단한 보따리 풀어 놓으면 어머니처럼 푸른 이부자리 선선히 펴주는 강'이므로 바람은 '고단한 보따리'를 함유하고 강은 보편적인 여성성을 상징한다. 때문에 '강은 바람의 정거장'이다. '바람이 강이 되는' 조건은 '바람의 정거장으로서 강', 그러니까 순간으로 둘이 하나될 때이다. 이때 양자는 근원적이고 보편적인 바람의 속성과 강의 속성에서 멀어질 수 없다. 그러나 '바람으로 흐르는 여주강'은 역사적이면서도 보편적이다. 곧 양자는 양자를 아우른다. 바람은 역사적인 방해물의 이미지로서 그리고 보편적인 자연물로서 양자를 아우르고, 여주강은 보편성의 강과 역사성의 양자를 아우른다. 보편성과 역사성을 아우르는 중의적인 여주강이다.

4. 고독자로서

> 부러지는 한이 있어도 살아있는 동안은 빳빳이 몸을 세우자. 긴 잎사귀마다 억센 날도 세워야 해.//풀의 꿈은 그랬다. 투쟁해야만 얻을 수 있는 꿈을 품은 날로부터 얻게 되는 병病. 풀에게 꿈은 병病이다. 고단한 빛으로 하루하루 야위어가도 몸서리치도록 가라앉은 정적 위로 달빛이 쏟아지면 전설처럼 꽃대가 피어올라 풀이 꽃이 되는 보푸라기처럼 일어났던 너의 병病이 기어이 꽃이 되는, 면류관 같은 꽃이 되는,//바람이 한 번 출렁일 때마다 꽃술에 달빛 찍어 그려내던 너의 이력들을 오늘은 갈바람이 다가와 시詩로 읽는다
>
> —「억새꽃」 전문

꿈꾸는 풀의 꿈은 반란을 은유한다. '부러지는 한이 있어도 빳빳이 몸을, 그리고 억센 날을 세우자'는 불온한 다짐이므로 그러하다. 때문에 풀에게 꿈은 병이다. 그 꿈은 '투쟁해야만 얻을 수 있는 꿈이므로 꿈을 품은 날로부터 얻게 되는 병'이고, '그 병이 꽃, 곧 면류관 같은 꽃이 되는 병'이므로 꿈은 병이다. 병이라는 고통 속에서 꿈을 실현하는 풀의 반란은 근원적인 반란이고, 그것은 고독이라는 이름의 병이기도 하다. 꿈도 반란도 고독이라는 병을 통과하지 않고서는 면류관을 쓴 꽃에 이를 수 없는 까닭이다. 그러므로 반란을 꿈꾸는 여성성은 고독을 은유한다.

이와 같은 여성성의 고독은 "숲은 꿈속 어느 지점인 거야. 언제나 꿈을 꾸면 숲에 혼자 남게 돼. 숲에서 길을 잃은

거지. 그 숲은 옛집인지도 몰라. 길을 잃고도 무섭지가 않거든. 천천히 걸어보는 거야. 나무들이 오목하게 허리를 굽혀 길을 안내하고 있어. 지루한 숲길에 안개가 피어오르고 있어. 오목하게 허리를 굽힌 나무 뒤에 잠시 쉬면서 이 숲에 혼자 남은 나를 봐. 그리고 생각해. 이 숲에서 나가야 한다고."(「고립 혹은 자유·3」에서)처럼 출구 찾기라는 꿈의 근원으로 자리한다. 고독해서 꿈을 꾸며 그 꿈은 출구 찾기, 곧 자유의 길에 이르기를 열망하는 꿈이다.

반란의 꿈은 '몸에 구멍'을 만들고, 그 구멍으로 "언제부턴가 내 몸에 구멍이 생기기 시작했어. 그 구멍은 점점 많아지고 커져가고 있어. 그 구멍으로 내 속에 갇힌 영혼이 새가 되어 날아가고 있어."(「고립 혹은 자유·3」에서)처럼 '갇힌 영혼이 새가 되어' 날아가기도 한다. 날아가고자 하는 반란의 꿈이 만든 자유가 '투명한 몸'에 이르게 하고, 그 결과 몸의 회로는 새 회로들로 교체'되기도 한다. 그러나 날아가는 일도 교체되는 몸의 회로도 꿈속에서 가능할 뿐이다. 때문에 꿈이 반란이고 병이며 고독이고 자유일지나 그 자유는 고립된 자유이다. 꿈은 꿈일 뿐이라는, 반란의 여성성에 내재한 한계를 읽는다. 그 한계가 병과 고립된 자유로 치환하는 반란의 근원이다.